Uli Schulte

Der letzte Schuß

Für Irene, Tabea, Samuel und Daniela

Uli Schulte

Der letzte Schuß

Ende meiner Drogenkarriere

LEUCHTER EDITION

Leuchter Edition · Erzhausen

Umschlaggestaltung: Peter Karliczek
Gesamtherstellung: Schönbach-Druck GmbH, Erzhausen

3. Auflage 2001

ISBN: 3-87482-512-4
Bestell-Nr.: 547.512

Leuchter Edition GmbH
Postfach 1161 · 64386 Erzhausen
Fon: (0 61 50) 97 36 - 0 · Fax: (0 61 50) 97 36 - 36
leuchter-edition@bfp.de

Inhalt

Vorwort

Mensch Uli....!

Als ich Deine Drogenstory das erste Mal hörte, dachte ich, Du trägst ein bißchen dick auf, um Beachtung zu bekommen. Doch im gemeinsamen theologischem Studium in Frankfurt/ Erzhausen und besonders in der Studentenband "Ölzweig" lernte ich Deine ehrliche Haut kennen. Die stundenlangen Proben, Anfahrten zu den Konzerten, die Auftritte und immer wieder das Geschleppe der Musikanlage gaben mir genug Gelegenheit, Deine Glaubwürdigkeit zu entdecken.

Diese Feststellung erscheint mir sehr wichtig, wenn Du meine Zeilen als Vorwort für Dein Buch verwenden willst. Der Leser Deiner Drogenkarriere wird manchmal abwinken wollen; besonders die gutbürgerlichen Eltern, deren Kinder im Drogenmilleau sind, haben sicherlich Schwierigkeiten mit Deiner verblüffend offenen Art Deiner Mitteilungen.

Es war schon eine aufregende Zeit in unserem Land, als die neuen Lebenskulturen zweier Jugendbewegungen aufeinanderschlugen. Die Hippies auf der einen Seite und die Jesuspeople auf der anderen Seite. Wieviel kaputte Drogentypen erlebten tatsächlich das christliche Wunder einer Lebenswende.

Es ist ausgesprochen wohltuend, daß du Dich mit diesem Buch nicht als Verkläger von Eltern, Freunden und Gesellschaft verhälst. Die nüchterne Bilanz Deiner ungewöhnlichen Lebenssituationen und Deine Liebe und Achtung zum Menschen ist überzeugend genug.

Der Leser hat hier seine Zeit gewinnbringend investiert.

Mit lieben Segensgrüßen
Ingolf Ellßel
Freund u. Präses des BFP

Das wahre Leben nehmen

Ein Besucher schüttet mir sein Herz aus. Vor zehn Jahren hat er mit Haschisch und LSD angefangen. Er hat unter Drogen phantastische übersinnliche Erfahrungen gemacht. Bis ihn das LSD schließlich auf einen Horrortrip brachte, von dem er heute noch nicht wieder runter ist. Längst hat er aufgehört zu konsumieren, aber die Angst sitzt immer noch tief in den Knochen. Mehrere Aufenthalte in der Psychiatrie, die Ärzte stellen eine schizophrene Psychose fest. Was sie weiter denken, aber für sich behalten: Therapie zwecklos. Das Gift hat den Mann buchstäblich in den Wahnsinn getrieben.

Irgendwann hat er in unserer Tagesstätte auf der Matte gestanden. Gemeinsam versuchten wir, an die Wurzel der Krankheit vorzudringen. Wir haben seine Geschichte vorwärts und rückwärts durchgekaut und Lösungen gesucht. Wenigstens in den einfachsten Lebensvollzügen konnte ein Stückchen geholfen werden: Wohnung, Arbeit, Essen. Als heute die Tür hinter ihm ins Schloß fällt, frage ich mich: Ist das alles, was wir zu bieten haben?

Ein Blick auf die Uhr: fünf vor elf. Für elf hat sich eine Frau angemeldet. Sie hat irgendwo einen Zeitungsartikel über meine Lebensgeschichte gelesen und will unbedingt mit mir reden. Kaum hat sie sich hingesetzt, bricht sie in Tränen aus. Vor zwei Tagen hat sich ihr Sohn hier in Bremen-Vegesack erhängt, am Weserufer, nur ein paar Schritte von der Drogenszene entfernt. Er war seit Jahren heroinabhängig, jetzt hatte er keinen Ausweg mehr gesehen. Die Mutter wischt sich verschämt die Tränen ab. Ich höre zu und halte die Klappe. Jetzt werden alle Ratschläge, und sind sie auch noch so richtig und gut gemeint, zu hohlen Phrasen. Ich kann der verzweifelten Frau jetzt nur zuhören und ihr anbieten, nach einiger Zeit noch einmal in die Beratung zu kommen. Und für sie beten.

Mit der Mutter, die vor ein paar Tagen hier war, war das Gespräch etwas produktiver. Ihr Sohn hängt ebenfalls an der Spritze. Er bedroht sie und schlägt sie ständig. Sie hat nur Ruhe, wenn sie ihm Geld gibt. Dafür geht sie sogar nachts putzen. In solchen Fällen gibt es ganz konkrete Ratschläge: dem Sohn auf keinen Fall Geld geben; schlägt er wieder zu, sofort die Polizei rufen; dann Hausverbot, bis er eine Therapie beginnt oder zumindest mit zur Drogenberatung geht. Konsequentes Handeln hilft ihrem Sohn mehr als Geld für Drogen. Zu viele Eltern lassen sich von ihren süchtigen Kindern aus falsch verstandener Liebe um den Finger wickeln.

Ich bin kein Drogenberater mit Diplom. Unsere Tagesstätte ist eigentlich ein Angebot für psychisch Behinderte aus dem Bremer Norden. Hier können sie sich unterhalten, Billard oder Karten spielen, zu Mittag essen. Sie machen in der Kochgruppe mit, übernehmen den Kaffeedienst, helfen im Buchladen. Einige arbeiten in der hauseigenen Druckerei, so gut es geht, selbständig mit. Viele Besucher kommen aus Behinderten- und Altenwohngemeinschaften oder aus der Nervenklinik. Andere wohnen selbständig und kommen in die Tagesstätte, um aus der Isolation auszubrechen. Aber es laufen auch immer mal wieder Junkies oder deren Angehörige auf. Das liegt daran, daß sich meine eigene Vergangenheit mittlerweile herumgesprochen hat. Sie kommen nicht, um den „Sozialarbeiter“ Uli Schulte zu sprechen. Sie wollen mit dem Fixer reden, der den Ausstieg gepackt hat. Im Gespräch öffnet sich mir dann wieder der ganze Sumpf der Sucht: der erste Joint, der erste Trip, der erste Schuß, Jahre an der Spritze, Beschaffungsdelikte, Therapie auf Therapie, Rückfall auf Rückfall, kaputte Beziehungen – kaputte Menschen. Zwangsläufig kommt dann irgendwann die Frage: Wie hast du es nur geschafft, da rauszukommen?

Wenn ich nach solchen Tagen nach Hause komme, ist mein Herz zerrissen. Ich bin Christ. Nicht nur beruflich, weil ich zufällig ordinierter Pastor der Freien Christengemeinde bin. Ich erlebe Jesus Christus wirklich als meinen Freund und meinen Herrn. Ich spüre, wie Gott mir täglich neue Kraft gibt und mich trägt. Das war nicht immer so. Aber so lebe ich jetzt schon seit 15 Jahren – seitdem dieser Jesus Christus mich aus den Drogen herausgeholt hat. Mit zwanzig habe ich selbst an der Nadel gehangen, war kaputt und ohne Perspektive. Fünf Jahre lang habe ich zwischen high und Horror gelebt, war die Drogenszene mein Zuhause, habe ich mein Leben und das meiner Eltern ruiniert. Heute gehöre ich zu einer Gemeinde, in der ich mich wohlfühle, wo ich als Pastor und Tagesstättenleiter gefordert werde und gerne mitanpacke. Ich habe eine liebe Frau, die – ganz am Rande – auch noch sehr hübsch ist. Wir haben drei Kinder. Aber vor allem: Ich habe heute wieder Geschmack am Leben gefunden.

Wenn sich dann in vielen Gesprächen die abgrundtiefe Not offenbart, in der die meisten Drogenabhängigen – gerade aber auch ihre Angehörigen – stecken, dann schnürt es mir fast den Hals zu. Warum fällt es so unheimlich schwer, die Brücke zwischen diesen Lebens-Schiffbrüchigen und dem Retter zu schlagen, die frohmachende Botschaft weiterzusagen, daß es auch für sie eine Chance gibt?

Ich schreibe meine Geschichte nicht nieder, weil ich sie für besonders spektakulär halte. Andere haben das Leben an der Nadel in saftigeren Farben beschrieben als ich, und der eine oder die andere kann mit den Einnahmen aus solchen Büchern seine Sucht ganz gut weiterfinanzieren. Ungewöhnlich an meiner Geschichte ist nur, daß ich den Ausstieg tatsächlich und auf Dauer geschafft habe. Vor 15 Jahren habe ich mir den letzten Schuß gesetzt. Seitdem habe ich das Zeug nicht mehr angerührt. Ich weiß, daß Wissenschaftler die Rückfallquote nach einer Drogentherapie auf 80 bis 90 Prozent schätzen. Nach meiner Erfahrung ist die entsprechende Erfolgsquote von 10 bis 20 Prozent sogar recht hoch gegriffen. Trotzdem, es bleibt dabei: Ich bin fix und fertig mit Drogen.

1990 gab es in der (alten) Bundesrepublik offiziell mehr als 1300 Drogentote – eine Steigerung von über 50 Prozent gegenüber dem Vorjahr. Bei den meisten – davon muß man ausgehen – war es der goldene Schuß: Selbsttötung mit der Spritze. Ob es mit Absicht oder ohne geschah, ist in der Regel schwer zu sagen. Viele haben auch einfach den Reinheitsgrad des Heroins unterschätzt, das in immer höherer Konzentration auf den Markt kommt.

Vor etwa 15 Jahren habe ich mir auch „das Leben genommen" – aber auf ganz andere Weise. Ich habe das Angebot für ein wirklich sinnvolles und lebenswertes Leben angenommen: das Leben als Kind des allmächtigen und barmherzigen Vaters im Himmel. Ja, ich hab es mir mit beiden Händen genommen: das wahre, unvergängliche Leben, das Gott jedem Menschen schenken will.

1.

Alkoholvergiftung mit zwölf

Mein Vater, Jahrgang 1923, kam mit siebzehn in den Krieg. Er wurde als Fallschirmjäger in Rußland, Italien und Frankreich eingesetzt. Später durfte er in französischer Gefangenschaft in der Normandie die Minen ausgraben, die die Deutschen zu Hitlers glorreichen Zeiten selbst auf den Feldern der Bauern gelegt hatten. Eines Tages kniet sich ein Angehöriger des Räumungskommandos ein paar Meter weiter auf den Acker, direkt auf eine Mine. Von dem Mann bleibt kaum etwas übrig, meinem Vater reißt es noch beide Arme ab. Er wird ins Lazarett gebracht, muß eine Flasche Calvados trinken, bekommt eine schwarze Zigarre zwischen die Zähne – eine andere Betäubung gibt es nicht. Dann werden mit einem alten Messer die losen Gliedmaßen abgeschnitten und die Wunden notdürftig vernäht. Derart zusammengeflickt kam mein Vater nach der Gefangenschaft zu Hause an. Oma war froh, daß er überhaupt noch lebte. Zwei ihrer Söhne sind nie aus dem Krieg zurückgekehrt.

Mein Vater war und ist äußerst willensstark. Was er sich in den Kopf setzt, das macht er. Früher hatten wir es deshalb nie leicht miteinander. Heute habe ich Respekt vor seiner Lebensleistung: Er hat, obwohl ihn der Krieg schon früh zum Krüppel machte, den Mut nie aufgegeben. Mit seinen beiden Armstümpfen hat er sich eine Existenz aufgebaut. Zuerst zog er mit einem Bauchladen durch die Gegend, handelte mit Zigaretten und Rasierklingen. Dann stellte ihm das sauerländische Hemer ein kleines Grundstück zur Verfügung, auf dem er einen Kiosk aufmachen durfte. Wiedergutmachung nannte man das. Es war die typische Trinkhalle, in der neben Tabak, Alkohol und Zeitungen auch Eis, Süßigkeiten, Sprudel und Kaffee über die Theke gingen. Er verkaufte sogar Schallplatten. Mein Vater richtete sich den Laden „behindertengerecht" ein, wie man heute sagen würde. Die Regale waren so gezimmert, daß er überall drankam; das Geld schippte er mit einem Schäufelchen in die Kasse, so schnell konnte man gar nicht gucken. Geöffnet war von morgens sechs bis abends sieben, Opa und Oma packten mit an. Der Laden war eine kleine Goldgrube. Kein Wunder, denn er lag strategisch äußerst günstig zwischen Fabriktor, Bushaltestelle und Bahnhof.

Die Frau, die einmal meine Mutter werden sollte, hatte ursprünglich einen ganz anderen Weg eingeschlagen. Sie war Diakonisse und arbeitete als Krankenschwester. Das war ihr Traumberuf. Sie hatte früh zum christlichen Glauben gefunden und fühlte sich zum ausschließlichen Dienst am Nächsten berufen. Doch dann ist sie wieder aus der Schwesternschaft ausgetreten, was beim Vorliegen „plausibler Gründe" möglich war. Ihr plausibler Grund: *mein Vater.* Sie lernte ihn bei einer Nachbehandlung seiner Armstümpfe im Krankenhaus kennen. Einen kriegsversehrten Mann zu heiraten, ihn zu lieben und zu pflegen, darin hat sie fortan ihre Lebensaufgabe gesehen. Ihr starker Glaube wurde allerdings durch äußere Einflüsse ziemlich ramponiert. Noch in ihrer Diakoniezeit versetzte man sie gegen ihren Willen in den Gemeindedienst. Später zehrte die Pflege meines Vaters und die Arbeit im Kiosk an ihren Kräften. Und schließlich war das ganze Umfeld *anti*: Was das Thema Glauben anging, gab es in der Verwandtschaft, mit der wir teilweise noch unter einem Dach lebten, wenig Verständnis. Mein Vater machte da keine Ausnahme. Wenn meine Mutter sonntags in die Kirche ging und er auf die Kinder aufpassen mußte, mäkelte er oft herum. Es kostete sie dann immer mehr Überwindung hinzugehen.

Ich komme im Sommer 1955 zur Welt, anderthalb Jahre später wird mein Bruder Norbert geboren. Es sind die

Jahre des Wiederaufbaus. Ärmel hoch, das Wirtschaftswunder steht vor der Tür. Meine Eltern legen sich krumm, damit der Kiosk läuft. Wir sollen es schließlich eines Tages besser haben als sie. Zu Hause aber herrscht dauernd Unfrieden. Entweder streiten sich Vater und Mutter, oder Vater liegt sich mit uns Söhnen in den Haaren, und Mutter versucht zu schlichten. Was alles nur noch schlimmer macht.

Vater ist streng. Dank einer geschickten Operation kann er den Stumpf des linken Armes wieder für einfache Tätigkeiten gebrauchen – zum Beispiel für die körperliche Züchtigung. Es reicht, um einen Kleiderbügel oder ein Stück alten Gartenschlauch zu halten, womit er uns dann mehr oder minder regelmäßig verhaut.

Diese Art der Züchtigung machte Norbert und mir nicht einmal viel aus, in der Regel gab es ja einen guten Grund dafür. Soweit ich zurückdenken kann, machte es mir sogar Spaß, meinen Vater zur Weißglut zu treiben. Während eines Streites beschimpfte ich ihn einmal als „Proleten". Ich wußte nicht einmal, was das war, aber ich hatte das Wort irgendwo aufgeschnappt. Es klang gut und gefährlich und verfehlte auch nicht die gewünschte Wirkung. Mein Vater fing an zu toben. Meine Mutter stand dabei und weinte. Schlimm waren nicht die Schläge. Schlimm war, daß ich mich gegenüber meinem kleinen Bruder benachteiligt fühlte. Er trieb fast genausoviel Unfug wie ich, stellte sich aber pfiffiger an und ließ sich nicht so oft erwischen. Norbert kam immer besser weg als ich. Wenn Opa zu uns kam, hieß es oft „Hier noch zwei Mark für den Kleinen" – und ich ging leer aus. Und ich kann mich noch genau an jenes Weihnachtsfest erinnern, an dem mein Vater Norbert eine teure Orgel schenkte. Auf meinem Tisch lag nur ein Oberhemd aus Kunstfaser: 100 Prozent Nylon. Das war die Quittung für eine Serie von blauen Briefen, die ich nach Hause gebracht hatte.

Solche Erlebnisse gingen nicht spurlos vorüber. Sie führten zu einer inneren Verhärtung. Ich hätte damals gerne mit meinem Vater diskutiert, aber das war irgendwann überhaupt nicht mehr möglich. Wir brüllten uns nur noch an. Ich hatte das Gefühl, es interessierte ihn gar nicht, was in mir vorging. Und das machte mich natürlich noch viel wütender.

Ich will beileibe nicht alles meinen Eltern in die Schuhe schieben, was damals schiefgelaufen ist. Für sie war ich einfach ein schwieriges Kind. „Du warst völlig verschlossen, es war einfach nicht an dich ranzukommen", erinnert sich meine Mutter, wenn ich sie heute nach dieser Zeit frage. Da war bestimmt was dran. Meine Aufmüpfigkeit reichte um einiges weiter als das Verhalten der üblichen Flegeljahre. Ich wollte meine eigenen Wege gehen und ließ mir von niemandem etwas sagen und schon lange nichts verbieten. Aber es wäre vielleicht einiges anders gekommen, wenn eine ordentliche Auseinandersetzung mit meinem Vater nur möglich gewesen wäre; wenn ich mich von meinen Eltern stärker angenommen gefühlt hätte. Es hätte wahrscheinlich schon eine Menge ausgemacht, wenn einfach mehr Zeit für uns geblieben wäre. Aber die meisten Stunden verbrachten sie eben in ihrem Laden, von morgens sechs bis abends sieben.

Eine meiner Devisen war, alles einmal auszuprobieren. Eines Abends, ich war gerade mal zwölf Jahre alt und fühlte mich schon ziemlich erwachsen, ging ich in den Keller. Dort lagerten einige 100 Liter Schnaps in Korbflaschen. Sie dienten zum Nachfüllen der Flachmänner, die in unserem Laden verkauft wurden. Als Kinder haben wir im Dorfbach die weggeworfenen Pullen gesammelt, gereinigt und mit neuen Etiketten versehen. Dafür gab es immer ein Extra-Taschengeld. Jetzt wollte ich einmal selbst testen, was an dem Schnaps so stark war, daß er so guten Absatz fand. Was ich machte, machte ich ganz: Ich probierte die verschiedensten Sorten ausgiebig durch. Weiter weiß ich nur noch, daß ich irgendeine Nachricht für meine Eltern auf eine Tafel kritzelte. Dann riß bei mir der Faden.

Stunden später haben sie mich gefunden, der Arzt mußte geholt werden. Ich hatte meine erste schwere Alkoholvergiftung weg.

Damals war ich, wie gesagt, gerade zwölf Jahre alt. Doch der Vorfall war für mich kein Warnschuß. Er war eher der Startschuß für einen unaufhaltsamen Abstieg.

2.

Ein suchender Rebell

Schon relativ früh habe ich mir den Kopf über alle möglichen schwierigen Fragen zerbrochen. Ich wollte einfach wissen: Wo komme ich her, wo gehe ich hin? Gibt es das, was die Christen „Ewigkeit" nennen? Wozu lebe ich überhaupt? Kurz: Ich fragte nach dem Sinn des Lebens im allgemeinen und *meines Lebens* im besonderen. Das klingt für das zarte Alter von zwölf Jahren vielleicht etwas anspruchsvoll – aber so war ich eben: aufmüpfig und grüblerisch zugleich.

Die Antworten meiner Eltern reichten mir nicht. Klar wollten sie das beste für uns. Aber wie das in der Erziehung so ist: Das Gegenteil von „gut" ist nicht unbedingt „böse", sondern manchmal auch „gut*gemeint*". Der Krieg hatte meinen Eltern nur das nackte Leben gelassen, wir sollten bessere Startchancen bekommen: „Ihr kommt aufs Gymnasium, dann könnt ihr später studieren und was Anständiges werden." Es sollte den Trinkhallen-Kindern an nichts mangeln, Klavierunterricht inklusive.

War das der Sinn des Lebens: Karriere, Geld verdienen, sichere Rente? Angesichts des alltäglichen Frusts in der eigenen, mittlerweile gutsituierten Familie konnte es das nicht sein. Meine Eltern schafften es ja nicht einmal, mit ihrer Hast-du-was-dann-bist-du-was-Philosophie selber glücklich zu werden.

Die Kirche konnte mich damals genausowenig überzeugen. Den Konfirmandenunterricht nahm ich mit Rücksicht auf den erwarteten Geldsegen gerade noch in Kauf. Aber ich kann mich an keine einzige Predigt aus dieser Zeit erinnern, an kein Gefühl der Gegenwart Gottes im Gottesdienst. Kirche war langweilig, absolut tote Hose. Kurz nach der Konfirmation fuhr ich mit anderen Jugendlichen auf eine kirchliche Jugendfreizeit in Österreich. Auf dieser Freizeit gab es manches Positives und viel Spaß, ja sogar Anregung auf den christlichen Glauben hin. Das alles wurde jedoch durch ein schreckliches Erlebnis zunichte gemacht. Einer der Betreuer, er war etwa 18 Jahre alt, sagte mir, er wolle mir auf dem Heuboden der Alpenhütte etwas zeigen. Als wir oben waren, befahl er mir, mich auszuziehen. Dann zwang er mich zu sehr schmerzhaften homosexuellen Handlungen. Im ersten Moment war ich geschockt, die Wochen danach blieb ich irgendwie irritiert. Ich konnte den Vorgang nicht einordnen. Später erfuhr ich, daß er auch andere Jungs auf den Heuboden gelockt hatte. Er hatte jedem gedroht, er bringe ihn um, wenn er etwas erzählen würde. Also hielten alle dicht. Erst als ich erwachsen war, habe ich das erste Mal darüber gesprochen.

Mein Verhältnis zur Kirche war damit jedenfalls geklärt. Wieder zu Hause verkündete ich meinen Schulkameraden meinen Bruch mit der Kirche und allem, was damit zu tun hat. Ich verbrannte sogar meine Bibel vor ihren Augen. Ich riß die Seiten heraus, legte sie auf den Schulhof und steckte das Häufchen an.

Weder Eltern noch Kirche hatten mir etwas zu sagen. Mit dieser Haltung stand ich damals natürlich nicht allein. Vielen Jugendlichen ging es Ende der 60er Jahre genauso. Die Außerparlamentarische Opposition, die *APO*, hatte sich gegründet, auf allen Wänden war es zu lesen. Die Helden der Zeit waren die Studenten, die gegen den Schah und den Vietnamkrieg auf die Straße gingen. Was mit dem politischen Protest begann, uferte schnell aus. Die Opposition wurde universell, man war prinzipiell gegen alles: gegen die Eltern, die Lehrer, die Kirche, die Spießer-Moral, gegen die etablierten Parteien, gegen den Staat, gegen das ganze System eben. Wir wußten zwar nicht, was wir wollten; wir wußten nur, was wir auf keinen Fall wollten. Und ich? – Ich war ein Kind meiner Generation: ein suchender Rebell. In der Schule, dem städtischen Friedrich-Leopold-Woeste-Gymnasium in Hemer, sah ich eine Plattform für meine Revolte. Die Lehrer, Repräsentanten der „Gesellschaft, die uns kaputtmacht", waren meine Angriffsfläche. Denen wollte ich's zeigen. Mein Arsenal reichte von dem üblichen Kram wie dumme Antworten geben und Stinkbomben werfen bis zum provokanten Blättern in der Bravo während des Unterrichts, damals noch etwas Ausgefallenes. Das genügte in der Regel, um den einen oder anderen Lehrer – besonders jene vom alten Schlag – zur Weißglut zu treiben. Mein Rekord lag bei 35 Klassenbuch-Eintragungen in einem Halbjahr.

Den halben Tag hing ich mit Leuten herum, die genausoviel Mist machten. Wenn ein besonders ödes Fach anstand, verlegten wir den Unterricht in ein nahgelegenes Schüler-Café. Alkohol gab's da offiziell erst ab sechzehn, aber wenn man sein Pils mit Limo oder Malzbier (unser bewährtes Halb-und-Halb) mischte, dann drückte der Wirt ein Auge zu. So verschaffte man sich eine Grundlage fürs Wetttrinken am Nachmittag, denn dann ging's erst richtig los. Wir holten bei Aldi das billige Bier im 6er-Pack und zogen zum Felsenmeer, einer tollen Felsen- und Höhlenlandschaft direkt in der Nähe. Dort zischte sich jeder locker zehn Flaschen Bier rein. Zur Abwechslung stiegen wir auch mal auf Wein oder Schnaps um. Hinter der ewigen Zecherei steckte in Wirklichkeit derselbe Grund wie hinter den Streichen in der Schule. Ich war von oben bis unten vollgestopft mit Komplexen: Ich konnte nicht gut reden, ich sah nicht gut aus, war nicht sehr stark und hatte eigentlich überhaupt keine besonderen Begabungen. Das einzige, was ich richtig konnte, war Trinken. Genauer: *Saufen.* Da machte mir so schnell keiner was vor. Ich hatte eine Kondition, um die mich die Kumpels beneideten. Dafür hatte ich früh und hart trainiert. Mit 14 Jahren habe ich praktisch jeden Tag gebechert. Was nicht heißen soll, daß ich ständig betrunken war. Aber ich wollte einen gewissen Alkoholpegel halten. Dann ließ sich die Wirklichkeit besser ertragen.

Mit vierzehn war es auch, als es in der Schule kurz vor den Zeugnissen hieß: game over – das Spiel ist aus. Nachdem ich bereits in der 8. Klasse, damals Untertertia, hängengeblieben war, stand die Versetzung nach der Ehrenrunde erneut auf der Kippe. Außerdem hatte ich bei einigen Streichen den Bogen deutlich überspannt. Ich flog von der Schule, wenn es auch mit Rücksicht auf meine Eltern ein Rausschmiß mit Samthandschuhen war. Sie erhielten eine Mitteilung, ich sei für die Schule nicht mehr tragbar. Sie sollten sich so schnell wie möglich nach einer anderen Lösung umschauen.

Da war der Ofen zu Hause ganz aus. Die Fronten waren ohnehin schon verhärtet, weil ich mich mit meinem Vater nicht über die angemessene Lautstärke für meine Rockmusik – in seinen Ohren ohnehin „Hottentotten-Musik" – einigen konnte. Was für mich noch Zimmerlautstärke war, fiel für ihn schon unter Körperverletzung. Als jetzt noch der blaue Brief von der Schule kam, gab es Terror. Es gab eigentlich kaum einen anderen Weg als die Rückstufung in die Volksschule – eine Katastrophe für meine Eltern. Die drei Kinder meines Onkels waren alle zielstrebig unterwegs Richtung Abitur, mein jüngerer Bruder Norbert kam auf dem Gymnasium auch klar, nur bei mir wollte es nicht klappen. Ich war der Versager der Familie.

Mir persönlich war das allerdings vollkommen schnuppe. Ich machte mir eigentlich gar keine Gedanken um die Schule, von beruflicher Perspektive ganz zu schweigen. Meine einzige Perspektive war das nächste Glas Bier.

3.

Abwärts

Mein Vater hielt es mit mir nicht mehr unter einem Dach aus. Eine Zeitlang wurde ich bei einer alten Lehrerin einquartiert (die übrigens einen ausgezeichneten Eierlikör im Schrank hatte), aber damit war das Schulproblem noch nicht gelöst. Die Volksschule war für meine Eltern kein Thema. Sie wollten etwas anderes arrangieren, um mein Weiterkommen zu sichern und gleichzeitig ihr Image zu wahren. Sie schauten sich verschiedene Privatschulen an, schließlich fiel die Wahl auf eine Handelsschule in einem Dorf bei Münster. Ein Internat war angeschlossen, und man war willig, mich trotz meines einschlägigen schulischen Vorlebens – Zeugnisse, Klassenbücher etc. – aufzunehmen. Gegen einen angemessenen Unkostenbeitrag, versteht sich. Dafür mußten meine Eltern am Kiosk schon eine ganze Menge Zeitungen und Zigaretten verkaufen. Die Schule präsentierte sich in einem Prospekt als pädagogisches Paradies: freundliche Lehrer, optimale Förderung, schönes Anwesen, großzügige Zimmer, Zweigschulen in England und Frankreich und nicht zuletzt ein *kulturelles Rahmenprogramm*. Ein nobles Pflaster also. Meine Eltern schöpften Hoffnung, und sogar ich freute mich irgendwie auf das Internat. Sollte mein Leben nun doch in geregelten Bahnen verlaufen?

Leider existierte die Traumschule nur auf Hochglanzpapier. Ich wurde im Sommer 1969 eingeschult. Damals hatten viele Eltern gehörige Probleme mit ihren Kindern, den suchenden Rebellen. Und viele sahen in den Internatsschulen die letzte Möglichkeit, ihre mißratenen Söhne und Töchter, die sie zu Hause nicht bändigen konnten, wieder auf den Pfad der Tugend zu führen. Logische Folge: Die Internate waren keineswegs Horte bürgerlicher Zucht und Ordnung, sondern wahre Brutstätten von Unzufriedenheit und Aufruhr.

In meiner Schule jedenfalls ging alles drunter und drüber. Schon der Schulleiter war eine schillernde Persönlichkeit. Als Lehrer respektierten wir ihn. Was ich bei ihm gelernt habe, sei es Schriftverkehr, Maschinenschreiben, Steno oder Betriebswirtschaft, ist mir bis heute von Nutzen. Aber er war oft sehr ungerecht und auch jähzornig. Seine Lieblinge hatten einen Freibrief, sie konnten sich alles herausnehmen. Aber wehe, wenn er einen nicht mochte. Einem kleinwüchsigen Mitschüler, den er nicht leiden konnte, schmiß er im Unterricht einmal grundlos einen Korb voller Bücher an den Kopf. Am Wochenende mußten wir ihm Schnaps in einer alten Tonflasche aus einer Wirtschaft bringen. Manchmal waren auch Schülerinnen bei ihm auf dem Zimmer. Dann wurde die Tür sorgfältig abgeschlossen. Am Montag konnte man immer erkennen, wie das Wochenende gelaufen war. Erschien der Herr Direktor in einem schwarzen Anzug mit weißem Rollkragenpulli drunter und standen ihm die Haare zu Berge, dann hatte er einen grausamen Kater. Dann mußte man sich besonders in acht nehmen.

Eines Tages werde ich in sein Büro zitiert. Er zeigt auf seinen Schreibtisch. Dort liegen einige Pornohefte und Schnapsflaschen. Er hat sie bei einer seiner regelmäßigen Inspektionen unter meiner Matratze gefunden. Er fragt: „Schulte, was ist das?“ Da ich ausnahmsweise nichts mit der Sache zu tun habe – jemand muß sein *kulturelles Rahmenprogramm* bei mir versteckt haben –, antworte ich voller Unschuld: „Ich weiß es nicht!“ Schon habe ich eine hängen, daß ich quer durch den Raum fliege.

War das Auftreten des Schulleiters nicht angetan, mich für die bürgerlichen Normen zu erwärmen, waren es meine Mitschüler um so weniger. Die seltsamsten Gestalten trafen im Internat aufeinander: Der eine träumte von der permanenten Revolution und sprach fast ausschließlich in Mao-Zitaten, der andere hockte sich im Yoga-Sitz auf seinen Gebetsteppich, und dann ging es stundenlang: „Hare-Krishna, Hare-Krishna". Der nächste machte auf Muskeln und war ohne seine wöchentliche Schlägerei nicht ausgelastet. Dann gab es noch die Sex-Matadoren, die jeden Morgen ihre neueste Bettgeschichte auftischten – taufrisch sozusagen. Heute würde ich sagen: Alles arme Typen, alle irgendwie verführt und verkauft. Aber damals beneidete ich sie alle. Ich war psychisch labil, unsicher in meinen Ansichten und lechzte förmlich nach Anerkennung. Die holte ich mir dann in bewährter Weise über das Trinken. Als ich eines Abends eine Wette gewann, war ich akzeptiert. Ich behauptete, ich könne fünf Pils in 18 Sekunden trinken. Ich ließ das Bier praktisch ohne zu Schlucken durch die Kehle laufen. Keiner hatte es geglaubt – und keiner konnte es nachmachen.

Wir hockten fast jeden Abend in unserer Stammkneipe und zogen uns einen Stiefel nach dem anderen rein. Mit der Zeit machten sich erste körperliche Beschwerden bemerkbar. Morgens mußte man etwas gegen den Kater tun, abends gegen die Schlaflosigkeit. Ich fand damals in meinem Zimmergenossen Martin einen guten Freund, mit dem ich mittlerweile über 20 Jahre verbunden bin. Er war schon damals ein durchorganisierter Typ. In seinem Kleiderschrank stand eine Holzkiste mit Medikamenten für alle Anwendungsgebiete: Martins „Drogenkoffer". Er enthielt Wachmacher und Kopfschmerztabletten für den Morgen, Magenmittel und wohltuende Essenzen für die Mittagszeit und eine Auswahl von Schlaftabletten für die Nacht. Martins Vater führte eine Arztpraxis, deshalb war Sohnemann immer gut sortiert.

Ob Alkohol oder Tabletten, auf irgendeine Weise waren wir immer angetörnt. Unser geheimer Treffpunkt war die „Kiffwiese". Dort wurde alles ausprobiert. Mit einer besonderen Atemtechnik und Hilfe eines Mitschülers machten wir „Black-Outs", eine selbsterzeugte Ohnmacht. Oder wir nahmen eine Klopapierrolle, stopften Watte rein, kippten Lösungsmittel drüber und schnüffelten bis zum Umfallen.

Manchmal holten wir auch in der Apotheke das Aufputschmittel AN 1 oder das Schlafmittel Betadorm, damals noch frei verkäuflich. Dann zogen wir uns die Dröhnung rein. Die Apotheker schöpften keinen besonderen Verdacht, sogar Äther verkauften sie uns. Es wurde zwar schon mal nachgefragt, wozu wir den brauchten, aber die Versicherung „Den tun wir in den Tank, dann fahren unsere Mofas schneller!" reichte, um den Frager zu beruhigen. Natürlich benutzten wir den Äther nur, um uns selbst zu betäuben. Die Mofas waren ohnehin schon frisiert.

So rutschte man immer tiefer rein, bis dann aus Münster „richtige" Drogen mitgebracht wurden. Leute, die in Münster wohnten und die Schule als Tagesinternat nutzten, brachten Haschisch und Marihuana mit. Dann ging man eben auf die Kiffwiese und rauchte Haschisch und Marihuana.

Einmal stiegen wir in den Schacht eines Abwasserkanals hinunter und rauchten dort ein paar Joints. Plötzlich merkten wir, daß der Rauch schlecht entweichen konnte und der Sauerstoff immer knapper wurde. Mit Mühe und Not schafften wir es, noch vor der Ohnmacht ans Tageslicht zu kommen. Es hat nicht viel gefehlt und meine Geschichte hätte in der Kanalisation einer westfälischen Landgemeinde ein schnelles Ende gefunden.

Eines Tages brachte jemand LSD-Trips aus Münster mit. „Das ist das Stärkste überhaupt, das mußt du unbedingt probieren", ging es wie ein Lauffeuer herum. Zehn Mark kostete ein Mikrotrip und sollte etwa acht Stunden wirken. Man könne grenzenlose Erfahrungen mit einem Trip machen. Klar, daß ich das mal ausprobieren mußte. Drogen waren damals einfach „in". So hat der Zeitgeist meine Entwicklung ein ganzes Stück beeinflußt. Wir hatten nicht das Gefühl, hier machen wir was für uns selbst. Wir dachten, wir sind an einer großen Sache beteiligt, an einer großen Revolution. Zugegeben: Wir wollten uns auch einfach antörnen, um der ganz persönlichen, miesen Realität zu entfliehen. Aber die ideologische Seite spielte zumindest am Anfang eine große Rolle. Die Drogenwelle der Flower-Power-Ära schwappte von Amerika über den Atlantik. In der Musik wurde den Drogen versteckt oder ganz unverhohlen gehuldigt. Super-Stars wie Jim Morrison, Janis Joplin und Jimi Hendrix zählten zu ihren ersten Opfern. Die Rolling Stones schrieben eine Hymne auf „Brown Sugar", eine Substanz, die bei der Polizei als Heroin Nr. 3 registriert ist. Selbst die Beatles beschrieben in „Lucy in the Sky with Diamonds" (die Großbuchstaben ergeben L-S-D) offenbar Visionen aus dem Reich des Rausches. Prominente Hochschulprofessoren erzählten von der Bewußtseinserweiterung unter dem Einfluß von Drogen. Es gab genug kluge Köpfe, die erklärten, mit LSD könne man das Eins-Sein mit Gott, mit dem Universum, mit sich selbst, das Nirwana, den Sinn des Lebens – wie auch immer die Schlagwörter hießen – in nur einer Stunde erreichen. Und das ganz ohne die umständlichen und langwierigen Yogaübungen!

Ich habe manche dieser Erfahrungen gemacht: intensive Natur-, Farb-, Musik- und Gefühlserlebnisse. Einmal konnte ich tatsächlich durch eine Wand sehen und die dahinter weidenden Kühe betrachten. Ein anderes Mal sah ich die Energie in Form von kleinen leuchtenden lila Kügelchen im Raum. Andere erklärten, sie könnten unter dem Einfluß von LSD mit der Kraft der Gedanken Türen öffnen und schließen.

Doch dann kamen auch Horror-Trips. Auf einem Trip bekam ich fürchterliche Angstzustände, weil ich im Spiegel mein Gesicht verfaulen sah. Ein anderes Mal, ich stand gerade an einer Bushaltestelle, dachte ich, ich müsse vor Angst sterben, weil der Regen, der auf mich herabfiel, Blut war. Mit Mühe und Not schaffte ich es bis nach Hause. Mein Zimmer war damals vollkommen schwarz gestrichen, mit Bildern indischer Gottheiten an den Wänden, an einer Seite war ein Altar mit Buddhafigur, Blumen und Räucherstäbchen aufgebaut. Dieser Tempel wurde mir in jener Nacht zur Hölle. Ich hatte Todesangst. Für mich ist bis heute LSD eine der gefährlichsten Drogen überhaupt. Man weiß nie, wohin die Reise führt – ins vermeintliche Glück oder in den lebenslangen Wahnsinn.

Gegen den Horror sollte später eine neue Droge helfen: Heroin beziehungsweise „Äitsch“ (das englische „h“), wie es auf der Szene hieß. So will es die Drogenspirale. Alkohol- und Tablettenmißbrauch, Haschisch und Marihuana, LSD – dann Heroin. Man nimmt das eine Gift, um die Folgen des anderen zu bekämpfen.

Aber ich war damals noch nicht reif für Heroin. Die Folgen des LSD-Konsums bekam ich mit einem Beruhigungsmittel noch ganz gut in den Griff. Natürlich wollte ich die neue Droge ausprobieren, aber es war gar nicht so leicht an Heroin ranzukommen. Die Kiste war noch zu heiß. Man munkelte zwar „Hans-Bernd hat schon mal gespritzt“ oder „Herbert ist Fixer“, aber der Stoff war noch nicht im Umlauf. Zumindest hatte ich nichts davon bemerkt. Aber, um vorne mit dabei zu sein, kaufte ich mir von einem Mitschüler vorsorglich eine große Glasspritze mit Nadel. Ich zog sie mit Doornkaat auf und spritzte zum erstenmal in die Armvene. Es brannte fürchterlich. Die Schmerzen zogen den ganzen Arm hoch, und mir war kotzübel. Dieses Verfahren habe ich später nur noch im absoluten Notfall angewandt: auf Heroinentzug.

Gemessen an diesen Praktiken flog ich für eine verhältnismäßig harmlose Sache vom Internat. Eines Tages, ich war im Aufenthaltsraum und hörte Musik, stand plötzlich der Schulleiter hinter mir. Er drückte mir eine Pistole in den Rücken – ich erwähnte schon seine seltsamen Gewohnheiten – und sagte: „Schulte, mach mal den Mantel auf!“ Zu meinem Pech steckte eine Whisky-Flasche in der Innentasche. Da es sich um einen Wiederholungsfall handelte und Alkohol generell verboten war, konnte ich nicht mehr auf dem Internat bleiben. Die Schule durfte ich noch bis zum Abschluß besuchen, aber ich mußte mir wieder einmal ein anderes Quartier suchen.

4.

Landluft

Ich zog in eine Landkommune in Ascheberg bei Münster. Dort wohnten in einem alten Bauernhaus ausgeflippte Typen aller Schattierungen unter einem Dach: Schulabbrecher, ewige Studenten, brotlose Künstler, Kleindealer. Ascheberg war das Nonplusultra, das Schärfste, was man sich damals unter alternativem Leben vorstellen konnte. Alle hatten voll den Durchblick. Alle nahmen Drogen. Wir trugen selbstgenähte Kleider aus Gardinenstoff, buken unser eigenes Fladenbrot, hörten unter dem Rauch von Räucherstäbchen indische Musik und meditierten. Sogar der Hund bekam Haschisch ins Futter, so daß er bald verhaltensgestört war. Hinter dem Haus hatten wir ein großes Marihuana-Feld angelegt. Den Samen gab's beim Vogelhändler, die Stauden der Plantage wurden gut zwei Meter hoch. Das Kraut wurde in jeder erdenklichen Form genossen: als Tee, in Joints, als Salatdressing. Eines Tages wurde das Feld allerdings von der Polizei entdeckt und abgeflämmt. Glück im Unglück war, daß uns kein Handel nachgewiesen werden konnte. Wir gingen als Selbstversorger straffrei aus.

Ich war immer noch auf der Suche. Das Angebot an Weltanschauungen war groß, aber ich konnte mich nicht so recht entscheiden. Ich schwamm auf jeder Welle mit und wußte innerlich genau, daß mir ein fester Halt fehlte. Mein größtes Vorbild in der Hippiekommune war Peter. Er schien auf alles eine Antwort zu haben. Er war ein ganz sanfter Typ, sah immer irgendwie verklärt aus – so stellte ich mir einen Guru vor. Ich fragte Peter ganz direkt: Was ist der Sinn des

Lebens? Peter erklärte, ich müsse meinen eigenen Weg zu Gott finden. Voraussetzung sei, daß ich mich von allen anderen Bindungen lösen müsse, auch von den Eltern und den Freunden. Wer den Weg des Gurus gehen wolle, den Weg zur totalen Selbsterkenntnis, der müsse mit allem brechen, woran er hängt und was ihm wichtig ist. Er selbst sei auch nur so ans Ziel gekommen, erklärte Peter.

Ich folgte Peter ein Stück auf seinem Weg. Ich brach den Kontakt nach Hause völlig ab, las ein paar Bücher fernöstlicher Philosophie und meditierte stundenlang. Das heißt: Ich setzte mich auf die Matratze, rauchte Marihuana, stierte in die Luft und wartete auf den Zustand, wo das Denken aufhört und nur noch Fühlen ist.

Als Peter sich dann erhängte, brach für mich eine ganze Welt zusammen. Wenn *er* schon keinen Ausweg mehr wußte, wie sollte *ich* es dann packen? Es gab keinen Orientierungspunkt mehr. Es konnte nur noch abwärts gehen.

In dieser Zeit wollten sich meine Eltern ein Bild von meiner Wohnsituation machen. Voller Sorge fuhren sie nach Ascheberg, eine meiner Cousinen war auch mit dabei. Sie besuchten mich in der Kommune. Zwei Welten prallten aufeinander. Sie kamen aus ihrem wohlgeordneten Umfeld und platzten mitten in eine unserer Sitzungen hinein. Sie waren völlig geschockt. Alles war dreckig. Es stank nach Hundedreck und anderen, undefinierbaren Dingen. Schmutzige, abgerissene Gestalten starrten sie mit glasigem Blick an, Räucherstäbchen brannten, indische Saiteninstrumente im Hintergrund. Wir saßen in der Runde auf schmutzigen Matratzen – das waren unsere einzigen Möbelstücke nebst der erstklassigen Stereoanlage. Und der Hund war offensichtlich auch noch verrückt. In ihrem Entsetzen nahmen mich meine Eltern kurzerhand mit nach Hause. Da ich noch nicht volljährig war, hatten sie das Recht dazu.

Den Abschluß an der privaten Handelsschule hatte ich da glücklicherweise schon in der Tasche. Ich hatte ihn mit Mühe und Not geschafft. Bei der staatlichen Prüfung fiel ich allerdings wie die meisten meiner Mitschüler durch. Und das, obwohl ich überzeugt war, in meinem wackligen Fach Betriebswirtschaft eine phantastische Arbeit abgeliefert zu haben. Leider konnte keiner der Prüfer die Gedankengänge nachvollziehen, zu denen mich ein kurz vor der Klausur geworfener LSD-Trip inspiriert hatte.

5.

Sir Henry

Wieder zu Hause besorgte mir mein Vater dank seiner guten Beziehungen sofort eine Lehrstelle in einer Drahtfabrik. Ich sollte Industriekaufmann lernen. Das war schon ulkig: von der Matratze in der Kommune an den Schreibtisch im Büro. Mir blieb keine Wahl, ich mußte mich fügen. Ich fing ein Doppelleben an. In der Firma benahm ich mich halbwegs gesittet, der alte Prokurist legte großen Wert aufs äußere Erscheinungsbild. Ich paßte mich halbwegs an und steckte mir das Hemd in die Hose, wenn er auftauchte. Aber nach Feierabend, an den Berufsschultagen und den Wochenenden verwandelte ich mich in einen anderen Menschen.

Drogentypen erkennen sich auf den ersten Blick, egal wo sie sich treffen und wie sie aussehen. Sie können sich förmlich riechen. So hatte ich bereits am ersten Berufsschultag – ich war gerade sechzehn geworden – einen auffallend gutgekleideten Mitschüler entdeckt. Hucky hieß er. Ich sah ihn an und wußte: Das ist einer von der Szene.

So war es auch. Hucky führte mich in die Drogenszene von Menden im Sauerland ein. Aus unerklärlichen Gründen verpaßten sie mir dort den Spitznamen „Sir Henry". Niemand kannte meinen richtigen Namen, ich war für alle nur „Sir Henry". Wenn ich auf die Szene fuhr, legte ich mir ein entsprechend originelles Äußeres zu. Die Haare, nach Stimmung rot und schwarz gefärbt, klebten auf den Schultern. Die Finger- und Fußnägel waren lila oder schwarz lackiert. Im Sommer lief ich meist barfuß rum mit allerlei selbstgemachten Ketten um Hals, Arme und Beine. Die Kleidung beschränkte sich auf abgeschnittene Jeans mit Fransen, altes Unterhemd, Armeejacke und Hut. Dieses Outfit fiel Anfang der Siebziger, als noch nicht in jedem Nest Punker herumliefen, doch etwas auf.

Zumindest in unserer gutbürgerlichen Straße, wo wir ein Reihenhaus hatten, war mein Aussehen ständiges Gesprächsthema. Offen sagte zwar keiner was, aber es war klar, welche Erziehungsratschläge hinter vorgehaltener Hand ausgetauscht wurden: Mir ordentlich den Hintern zu versohlen, war wahrscheinlich noch das Harmloseste. „Die Leute haben einem furchtbar freundlich ins Gesicht geschaut, kaum hatte man ihnen den Rücken gekehrt, zogen sie über einen her", erinnert sich mein Vater noch gut. Meine Eltern waren entsetzt, aber hilflos. Natürlich hatten sie gemerkt, daß etwas nicht stimmte. Aber sie gingen dem Verdacht nicht konsequent nach – vielleicht aus Angst vor dem, was sie entdecken würden.

In die Firma ließen sie mich in meiner Sir-Henry-Kluft natürlich nicht gehen. Ansonsten konnten sie mich nicht daran hindern, zu machen, was ich wollte. Ständig nahm ich weiter Drogen, hauptsächlich Haschisch, LSD und Alkohol.

Dann hatte ich kurz hintereinander zwei Nervenzusammenbrüche. Einmal in der Badewanne: Ich bekam fürchterliche Angstzustände, mein Hals war wie zugeschnürt. Ich dachte: Jetzt ist es aus. Ich konnte gerade noch meine Mutter rufen, die mir eine Beruhigungspille besorgte. Das nächste Mal passierte es auf einer Englandreise. Bei einem Abstecher ins Londoner Nachtleben packte mich auf einmal die Panik. In meinem Quartier verpaßte mir ein eilig herbeigerufener Arzt einen wahren Beruhigungshammer, der mich umgehend ins Land der Träume schickte. So kamen bald Tabletten als vierte Dauerdroge hinzu.

Auf der Arbeit rauchte ich Joints auf dem Klo, weil man davon keine Fahne kriegt. Gegen die Angst noch ein paar Beruhigungstabletten parallel. Nach Feierabend ging's zunächst in die Stammkneipe, um mit Bier und Tabletten in eine ausgeglichene Grundstimmung zu kommen. Und dann ab auf die Szene, kiffen und Trips werfen. Der Lehrlingslohn reichte bald nicht mehr aus, um alles zu finanzieren. Ich fing an zu klauen. An Alkohol zu kommen, war noch das einfachste. Ich ging hin und wieder mit einem weiten Mantel in einen Laden und ließ eine Flasche Whisky mitgehen. Natürlich mußte man darauf bedacht sein, seine Besuche gleichmäßig auf die Geschäfte der Region zu verteilen.

Ich empfand diese Zeit ohnehin als einen sozialen Abstieg. Die Szene in Menden war von einer ganz anderen Qualität. Im Internat und in der Landkommune hatte man sich noch Gedanken über den Sinn des Lebens und die Zukunft der Menschheit gemacht. Da hatte man Haschisch und Marihuana geraucht und geglaubt, damit noch irgendwie gegen die Gesellschaft zu protestieren. In Menden dagegen war das Rauschgift längst zum Selbstzweck geworden. Hier hieß es nur: einen durchziehen, einen dengeln, einen törnen. Auf hochdeutsch: Haschisch rauchen, LSD-Trips werfen, sich irgendwie in Stimmung bringen. Buddha und die Blumenkinder blieben außen vor. Der ganze ideologische Putz war ab.

6.

Vom Joint zu Jesus – und zurück

Der Drogenkreislauf – immer zwischen high und Horror – wurde eines Tages unerwartet durchbrochen. Wir hielten uns ab und zu in einem christlichen Jugendheim auf, weil das Bier dort am billigsten war und man dort gut Drogen verkaufen konnte. Außerdem spielte immer die aktuellste Rockmusik, und tanzen war auch angesagt. Als letzte Platte wurde immer Reinhard Meys „Gute Nacht, Freunde, es ist Zeit für mich zu gehn ..." aufgelegt. Dann wußte jeder: Feierabend, die lieben Nachbarn möchten schlafen.

Als eine andere Kirchengemeinde in unserer Stadt zu einer Veranstaltungsreihe einlud, wurde ich hellhörig. Ein sogenannter „Evangelist" namens Wolfgang Heiner wurde angekündigt. Mein Bruder Norbert und ich, wir waren manchmal zusammen auf Achse, beschlossen, da mal vorbeizuschauen. Vielleicht war ja was los, und wenn nicht – konnte man bestimmt was losmachen.

Das Programm sollte über eine ganze Woche laufen. Am ersten Abend gingen mein Bruder und ich voll auf Konfrontation. Wir versuchten, die Versammlung zu stören, so gut es ging. Wir riefen dazwischen, lachten, klatschten oder pfiffen, besonders an den vermeintlich besinnlichen Stellen. Doch das Programm war so vielseitig – es gab Musik, Ansprachen, Sketche und eine Podiumsdiskussion –, daß wir kaum dazwischenkamen. Seltsamerweise regte sich niemand über unsere Störversuche auf. Diese Leute waren einfach nicht aus der Ruhe zu bringen. Am zweiten Abend gingen wir wieder hin, diesmal schon etwas ruhiger und mit mehr Interesse an der Sache. Ich erinnere mich genau an die Diskussion. Die Veranstalter hatten bewußt Gegner des christlichen Glaubens aufs Podium eingeladen, um mit ihnen kontrovers zu diskutieren. Das fand ich mutig. Einer war ein hundertprozentiger Marxist, der schon wegen seiner lockigen Mähne im Marsha-Hunt-Look aus dem Rahmen fiel. Ich hoffte insgeheim, er würde die anderen in die Tasche stecken. Doch alle spürten, daß er trotz seines Wissens und seiner Redegewandtheit den jungen Christen unterlegen war. Es war beklemmend für meinen Bruder und mich. Nichts war mehr von unserem Vorhaben geblieben, die Versammlung zu stören. Es zog uns auch am nächsten Abend wieder in den Gemeindesaal. Nachdem ich weltanschaulich so lange im trüben gefischt hatte, konfrontierte mich Wolfgang Heiner mit einer klaren Botschaft: „Jesus Christus ist der Weg, die Wahrheit und das Leben." Das gab mir zu beißen.

Irgendwann fragte ich den „Evangelisten", ob er mit „Herr Heiner" oder lieber mit seinem Vornamen angeredet werden wolle. Seine Antwort: „Wir haben nur einen ‚Herrn', und der heißt Jesus. Also nenn mich Wolfgang!" Auch das imponierte mir.

Eines Abends ruft „Wolfgang" nach einer packenden Predigt zur Bekehrung auf: „Alle, die Jesus als Erlöser und Herrn in ihr Leben aufnehmen wollen, sollen nach vorne kommen." Ich fühle mich auf einmal in eine andere Welt versetzt. Es gibt um mich herum nichts mehr. Keine Menschen, kein Gemeindehaus. Ich sehe auf einmal Jesus, als ob er leibhaftig vor mir stünde! Jesus, der mich einlädt, sein Freund zu werden. Ich fühle mich wie von Engeln nach vorne getragen, habe buchstäblich das Gefühl zu schweben und bitte Jesus unter Tränen, mein Heiland und Herr zu werden.

Ich hatte noch nie eine so beeindruckende Erfahrung göttlicher Nähe gemacht. Von dem Tag an sah ich die Welt mit anderen Augen. Meine Eltern fragten sich, ob es wirklich klug gewesen war, einen Mitarbeiter aus dem Missions-

Team von Wolfgang Heiner bei uns zu Hause einzuquartieren. Denn was ihr Sohn jetzt wieder anstellte, war allzu verrückt. Mein plötzlich entfachter Glaubenseifer erschien ihnen aufgesetzt und völlig übertrieben. Er war ihnen richtig peinlich. Aber so war ich eben: Was ich machte, das machte ich auch richtig. Auf der Straße hielt ich wildfremde Leute an, umarmte sie und sagte ihnen: „Jesus liebt dich!“ Ihre Reaktion verwunderte mich. Warum guckten die mich nur so komisch an? Auch die Firma sollte erfahren, wie toll es ist, Jesus kennenzulernen. Auf die Aktentasche unseres Prokuristen pappte ich einen Aufkleber von etwa 30 cm Durchmesser: „Jesus macht frei!“ Der Prokurist rastete völlig aus, und ich bekam einen tierischen Ärger.

Ich kaufte mir ein Neues Testament, so ein kleines rotes, das in jede Jackentasche paßte. Ich hatte es immer dabei – die Missionskeule allzeit bereit – und holte es bei jeder Gelegenheit heraus. Besonders gerne las ich in der Offenbarung des Johannes. In rätselhaft verschlüsselten Bildern wird da beschrieben, wie es mit der Menschheit weitergehen soll, wie Gut und Böse miteinander ringen, bis Gott schließlich einen neuen Himmel und eine neue Erde schafft. Ich fand das sehr spannend, denn manches, was Johannes beschrieb, ähnelte dem, was ich unter dem Einfluß von LSD erlebt hatte.

Eines Abends sitze ich auf dem Bahnsteig und warte auf den Zug nach Hause. Ich bin wieder einmal in mein Neues Testament vertieft, da setzt sich ein Mädchen neben mich. Sie beobachtet mich eine Zeit, dann sagt sie: „Echt stark, du liest wohl die Mao-Bibel?“ Das war nämlich zu der Zeit in. Meine Antwort läßt sie stutzen: „Nein, das ist die *richtige* Bibel.“ Wir kommen ins Gespräch, und es stellt sich heraus, daß sie die Freundin des haarigen Marxisten von der Podiumsdiskussion ist. In der nächsten Versammlung sind die beiden wieder anwesend. Kaum zu fassen: Auch sie bekennen sich vor allen Anwesenden zum Glauben an Jesus Christus.

Dann ging – nach einer Verlängerung – die Veranstaltungsreihe in der Gemeinde zu Ende. Ich fiel in ein Loch. Es gab keine Versammlungen mehr, wo man gemeinsam singen, beten und über die Frohe Botschaft reden konnte. Mein Bruder und ich besuchten eine Zeitlang einen Hauskreis, doch der war lose und unverbindlich. Es gab anscheinend niemanden, der uns weiterführen konnte. So wurde unser junger Glaube hart – offenbar zu hart – auf die Probe gestellt.

Ich hatte eine tiefe Erfahrung mit Jesus Christus gemacht. Mir war klar geworden, daß Jesus auch für mich ans Kreuz gegangen und auferstanden ist. Meine Sünden waren mir vergeben. Ich war frei. Doch heute weiß ich, daß punktuelle Erfahrungen mit Gott nicht genügen, um uns an das Ziel zu bringen: ein für allemal in Gemeinschaft mit dem liebenden Gott zu leben. Was mir damals fehlte, war die gründliche Umkehr mit allen Konsequenzen. Es fehlte die stetige Verbindung zu Gott im Gebet und im Studium der Bibel. Es fehlte die Eingliederung in eine Gemeinde, in der Jesus das Zentrum der Verkündigung ist. – Vor allem aber fehlte der Bruch mit liebgewonnenen Sünden. Hatte mich doch der Mitarbeiter Wolfgang Heiners, der bei uns zu Hause einquartiert war, aufgefordert, mich von meiner Rockmusik zu trennen! Das war nun wirklich zu viel verlangt. Meine heißgeliebten Platten der Stones, Beatles, Doors und von Jethro Tull wegschmeißen? Das ging entschieden zu weit! Und meine alten Freunde von der Drogenszene sollte ich auch nicht mehr sehen? – Ja, wohin sollte ich denn dann gehen? Ich kannte doch sonst kaum jemanden.

Damit soll nicht gesagt werden, daß das Hören moderner Musik oder der Umgang mit bestimmten Leuten für einen Christen prinzipiell sündhaft sind. Aber bei mir traf das gewiß zu. Sünde im biblischen Sinn ist alles, was den Menschen knechtet und ihn von Gott trennt. Das kann das schöne Haus sein, für das man sich krumm legt, eine Lüge, die zwischen zwei Menschen steht, oder der naive Stolz der Erwachsenen, die sagen: „Ich schaff's schon alleine, Gott; laß mich nur machen." In meinem Fall waren die Rockmusik und die guten alten Freunde der wunde Punkt.

Das zarte Pflänzchen des jungen Glaubens welkte dahin.

Das Bibellesen und Beten wurde mir ohne Wegbegleiter, die einen auch mal durch ein Tief hindurchziehen, zu mühsam. Ich bot Gott einen Kontrakt an und sagte: Ein Vaterunser am Abend, da ist ja im Prinzip alles drin enthalten, das mag genügen.

Das war allerdings ein verhängnisvoller Irrtum. Es genügte *nicht*. Gott ließ sich auf diesen „Deal" nicht ein. Nach einer Fahrt nach Berlin war ich, eh ich mich versah, wieder voll drauf: Alkohol, Haschisch, LSD, Medikamente. Meine geistliche Substanz ging gegen Null. Mit einem schlechten Gewissen rutschte ich wieder in die Drogenszene ab.

Sollten meine Eltern recht bekommen? War also doch nur alles aufgesetzt? War ich nur auf einen Glaubens-Trip gegangen, bei dem ich den Joint gegen Jesus eingetauscht hatte?

Heute weiß ich: Mein junger Glaube war ehrlich, und er war echt! Doch im nachhinein habe ich eine doppelte Lehre aus dieser ersten Begeisterungsphase gezogen. Die Warnung: Sei niemals leichtsinnig, wenn es um die Beziehung zum lebendigen Gott geht. Und die Ermutigung: Gott ist barmherzig, gnädig und sehr geduldig. Wen Gott einmal an der Angel hat, den läßt er so schnell nicht wieder los.

7.

Angefixt

Jesus von Nazareth hat Blinde, Taube, Stumme, Lahme und Aussätzige geheilt. Ja, sogar Tote zum Leben erweckt. Nach der Heilung eines Besessenen lehrte er einmal: Wenn ein Mensch von einem bösen Geist befreit worden ist und der böse Geist findet das Leben dieses Menschen nach einiger Zeit leer und offen wieder, dann hält er erneut Einzug und bringt andere Geister mit, die noch viel böser sind als er selbst. Der Mensch aber ist viel schlimmer dran als zuvor (vgl. Matthäus 12, 43–45).

Daß dieses Wort stimmt, habe ich an meinem eigenen Leib schmerzlich erfahren! Nachdem ich wieder auf der Szene war, wurde es noch ärger mit mir. Joints und Trips hatten ausgedient, ich war reif für Heroin. Es war jetzt schon in Menden zu haben. Eigentlich hatte ich davon immer die Finger lassen wollen. Mit gutem Grund: Auf einem Rockkonzert in Witten hatte ich einen Freund auf Heroinentzug erlebt. Pit krümmte sich und wandte sich wie ein Wurm, schrie und weinte, fror und schwitzte. Er war sonst ein ganz lieber Kerl, wegen seines friedlichen Aussehens und seiner langen lockigen Haare nannten ihn alle „Jesus". Obwohl er schon seit Jahren Fixer war, hatte er sich einen Rest Selbstachtung bewahrt. Er ging einer regelmäßigen Arbeit nach und lebte in einer festen Beziehung zu einer Frau. Wir anderen bewunderten ihn insgeheim. Aber auch der gute Pit hat sich irgendwann erhängt.

Als ich Pit auf Entzug erlebte, hatte ich mir jedenfalls geschworen, nie in meinem Leben auch nur ein Körnchen

Heroin zu nehmen. Doch der Weg in den Abgrund ist gepflastert mit guten Vorsätzen. Als mir derselbe Pit eines Tages einen „Probeschuß“ anbot, war mein Widerstand sofort dahin. Trotz allem, was ich gesehen hatte, war ich schon zu labil, um nein zu sagen.

Der erste Schuß war überwältigend. Trotz aller sprachlicher Läuterung kann ich es auch heute nur so ausdrücken: stärker als der beste Orgasmus! Meine Angst war weg, es gab keine Nebenwirkungen, keinen Kater. Sechs Stunden Superfeeling für fünf Mark. Zwei Körner „Brown Sugar“ hatten vollkommen gereicht. Das war das Absolute. Aber für viele ist es auch absolut tödlich geworden. „Einmal Fixer – immer Fixer!“ heißt es auf der Szene. Die meisten sind schon nach dem ersten Schuß abhängig. So war's auch bei mir. Natürlich war klar: Du wirst nie ein Fixer wie Pit und die anderen. Ab und zu mal am Samstag einen Schuß setzen für ein schönes Wochenende – da konnte ja nichts schiefgehen. Doch bei einem so starken Gefühlserlebnis schafft es kaum einer, Wochenendfixer zu bleiben. Mit einem einzigen Schuß Heroin waren alle Probleme gelöst: die Nervenzusammenbrüche, die ständige Unsicherheit, daß man sich schon gar nicht mehr aus dem Haus traute, ohne auf Droge zu sein, und daß man selbst dann noch von Angstgefühlen geplagt wurde. Bald sagte ich mir am Mittwoch: Zwischendurch mal einen drükken, kann nicht schaden. Innerhalb von vier Wochen war ich dem Heroin verfallen. Ich spritzte jetzt täglich. Die Dosis mußte ständig gesteigert werden, doch an das Gefühl beim ersten Schuß kam ich nie mehr ran.

Schon bald ging die Sache richtig ins Geld. Ich brauchte etwa 100 Mark für den Stoff pro Tag, später bis zu 300 Mark. Im Laufe der Jahre dealte ich auch selbst, um meinen Eigenbedarf zu finanzieren. Ich fing an, meine Eltern zu beklauen. Ich nahm das Geld einfach aus der Kasse der Trinkhalle. Ob sie es je gemerkt haben, weiß ich nicht. Aber sie haben mich nie darauf angesprochen.

Es gab auch noch andere Möglichkeiten, an Geld zu kommen. Ich versetzte meine Querflöte und meine Briefmarkensammlung im Pfandhaus, klaute für meinen Dealer Schallplatten auf Bestellung. Einmal ging ich in ein Kaufhaus und suchte mir ein Fahrrad aus. Ich nahm es auf die Schulter und trug es ganz locker zur Tür hinaus. Der An- und Verkauf-Händler ließ dafür 50 Mark springen.

Zwei Monate nach meinem ersten Heroin-Schuß war der Markt plötzlich wie leergefegt. Nirgendwo war mehr an Stoff zu kommen. Und bei den wenigen Leuten, die noch welchen verkauften, hatte ich keinen Kredit mehr. Im Haus meiner Eltern, ich hatte damals die obere Etage für mich, erlebte ich meinen ersten Heroinentzug. Ich war „auf turkey" und machte furchtbare Qualen durch. Jede Faser meines Körpers schrie nach dem Gift. Ich fror, deckte mich mit allen Decken zu, die ich auftreiben konnte, fror weiter und schwitzte gleichzeitig wie ein Schwein. Ich spritzte mir Schnaps in die Venen – die bewährte Methode aus Internatszeiten – dazu in Wasser aufgelöste Tabletten und Hustensaft mit Codein. Und ich soff mich voll. Zwischendurch rastete ich völlig aus und trat eine Zimmertür ein.

Nach drei Tagen war das Schlimmste überstanden. Ich fühlte mich wie neugeboren, konnte wieder klar denken. Ich war clean. „So einen Scheiß machst du nie wieder!" schwor ich mir. Doch wo sollte ich hin? Meine Freunde waren fast ausnahmslos auf der Szene, andere soziale Kontakte gab es kaum. Meine Lehre hatte ich nach anderthalb Jahren geschmissen, weil es mir einfach zu dreckig ging und ich die Arbeit nicht mehr packte. Meinen Freund Martin sah ich nur alle paar Wochenenden. Dann machten wir beide richtig einen drauf, deckten uns mit Stoff und 2-Liter-Lambrusco ein und fuhren mit seinem Käfer irgendwo aufs Land. Aber im Gegensatz zu mir führte Martin ansonsten ein völlig normales Leben. Er machte seinen Industriekaufmann, nebenbei abends sogar noch seine mittlere Reife und verkehrte auch noch mit seinen Arbeitskollegen und anderen „normalen" Leuten. Das war auf lange Sicht womöglich sogar seine Rettung. Denn, obwohl auch Martin mehrmals gefixt hat, ist er nie so tief abgerutscht wie ich.

Bei mir hingegen drehte sich irgendwann alles nur um Drogen. Das Leben der anderen – Arbeiten, Geld verdienen, Familie, Fernsehen, Fußball – war nicht mehr als ein schlechter Trip. Die Drogenszene dagegen wirkte auf mich wie ein Magnet: Je näher das Eisen kommt, desto stärker ist die Anziehung. Je näher ich den Treffpunkten der Szene kam, um so mehr schwanden alle guten Vorsätze, nie wieder rückfällig zu werden; und um so größer wurde das Verlangen nach Heroin. Als mir ein Kumpel sagte: „Uli, es ist wieder Äitsch da!", war die Erinnerung an den Entzug wie weggeblasen. Da gab's nur eins: Spritze besorgen und einen Schuß setzen. Nach ein paar Tagen hing ich wieder an der Nadel.

Meine Eltern hatten sehr wohl die Anzeichen registriert, die auf Drogenkonsum hindeuteten: die schlampige Kleidung, das Abmagern, das schwarzgestrichene Zimmer, nächtelanges Fortbleiben, die Besuche der „Freunde", das Aufgeben der Lehrstelle. Aber sie haben ihren Verdacht lange verdrängt. Sie wollten es einfach nicht wahrhaben, einen süchtigen Sohn zu haben, so wie man glaubt, eine schreckliche Wahrheit durch Ignorieren abwenden zu können. Natürlich hatte ich für alles eine Erklärung, und natürlich hatte ich – wie alle Junkies – auf die direkte Frage immer strikt geleugnet, Drogen zu nehmen.

Erst als meine Mutter nach intensivem Durchsuchen meines Zimmers eine Injektionsspritze im Batteriefach meines Kofferradios fand, nahm sie mir zum erstenmal nicht meine Ausrede ab. Ich sagte, ich hätte die Spritze dort für einen Kumpel aufbewahrt. An jenem Tag, es war der 2. Weihnachtstag 1973, stellte sie mich zur Rede. Sie flehte mich an, endlich zu sagen, was mit mir los sei. Sie setzte sich neben mich aufs Bett. Sie weinte und bettelte, sie könne mit der Ungewißheit nicht mehr weiterleben. Da streifte ich den linken Ärmel meines Hemdes hoch . . .

Beim Anblick des von Einstichen übersäten Armes blieb ihr fast das Herz stehen. Noch heute weiß sie genau, wie verzweifelt, wie ohnmächtig, wie zerschlagen sie sich damals fühlte. Noch fast 20 Jahre danach muß meine Mutter weinen, wenn sie an diesen Augenblick zurück denkt.

Meine Eltern waren im Grunde völlig hilflos. Sie wußten nicht, daß eine Sucht zwar in der Regel selbst verschuldet ist, aber in ihrem Verlauf zu einer Krankheit wird, die einer gezielten Therapie bedarf. Sie kannten auch niemanden, mit dem sie über „das Problem" ihres Sohnes hätten reden können. Meine Mutter zog sich vom Leben außerhalb des Hauses zurück. Sie bildete sich ein, die Leute würden mit dem Finger auf sie zeigen. Was für eine Schande: ein rauschgiftsüchtiger Sohn! Mein Vater reagierte entweder mit Nichtbeachtung oder mit Wutausbrüchen, die bisweilen recht handfest wurden. Dann wußte er sich nicht anders zu helfen, als mir seine Armstümpfe in die Rippen zu stoßen. Ich schlug voll zurück.

Meine Mutter hat mir viele Jahre später gestanden, sie habe damals wieder angefangen zu beten. Es habe Tage gegeben, an denen sie nicht mehr leben wollte. Und Tage, an denen sie Gott angefleht hat, ihren Sohn zu sich zu nehmen.

8.

Voll auf Therapie

Die Droge hatte mich in ihrer Macht. Der Abstand zwischen Hochgefühl und Entzug wurde immer kürzer. Bald brauchte ich fünf Schuß pro Tag. Wenn kein Heroin aufzutreiben war, schluckte ich Valoron, eine echte Granate von Schmerzmittel. Beides hat im Prinzip dieselbe Wirkung, nämlich die Folgen des Entzugs zu vertreiben – und allein darum ging es noch. Valoron hatte außerdem den Vorteil, daß es in jeder Apotheke zu haben war. Ich ging zum Arzt, ließ mir irgendeinen Pippikram aufschreiben und ergänzte anschließend das Rezept nach meinen Wünschen. Das Fälschen war damals noch etwas einfacher als heute. Außerdem unterliegt Valoron mittlerweile dem Betäubungsmittelgesetz und ist mit einem Zusatz versetzt. Wenn man die Höchstdosis überschreitet, muß man kotzen. Auf den Flaschen stand damals in etwa: „Für starke Schmerzzustände, zum Beispiel nach Operationen ... maximal 20 Tropfen." Meine persönliche Dosis steigerte ich täglich, schließlich lag sie bei 800 Tropfen pro Tag. Genau eine Flasche voll.

Irgendwann spielt mein Körper nicht mehr mit. Ich bekomme den gefürchteten „Gilb", fühle mich schwach, elend und matt. Das Weiße in den Augen wird gelb, die rechte Bauchseite schwillt an. Gleichzeitig nehme ich rapide ab. Ich gehe zum Hausarzt, der mich sofort ins Krankenhaus einweist. Die Ärzte stellen eine „Hippie-Hepatitis" fest – eine gefährliche und hartnäckige Leberentzündung. Zweimal wird meine Leber punktiert. Monatelang liege ich am Tropf, bekomme Infusionen, doch die Blutwerte bessern sich nicht.

Meine Leber hat schlappgemacht. Kein Wunder, bedenkt man, wie wir draußen mit den Spritzen umgehen. Die Einwegspritzen aus Kunststoff benutzen wir mit mehreren Personen mehr als hundertmal, bis die Dinger so ausgeleiert sind, daß man sie wegschmeißen muß. In der Eile wird das Wasser zum Aufkochen des Heroins schon mal aus einer Pfütze oder aus dem Pissoir genommen. Die Nadel wird mit der Zeit so krumm und stumpf, daß man zum Fixen manchmal drei Leute braucht: den Fixer, einen, der den Arm festhält, und einen, der die verbogene Nadel in die Vene bohrt. Gut, daß es damals noch kein AIDS gab.

Nach fünf Monaten werde ich aus dem Krankenhaus entlassen – über den Berg, aber mit Verdacht auf chronische Leberentzündung. Was noch zu erwähnen ist: Mein Bettnachbar, mit dem ich mich viel über Religion und Mystik unterhalte, erzählt mir eines Tages, er habe die Wahrheit gefunden. „Jesus Christus ist die Wahrheit", sagt er. Offenbar will Gott mich noch nicht loslassen . . .

Dem Krankenhaus folgte eine von meinen Eltern arrangierte Entziehungskur in einer Einrichtung des Diakonischen Werkes im Bergischen Land. Das Haus ist schön gelegen, es gibt Werkstätten, wo man sich beschäftigen kann, ein Fotolabor, eine wunderbare russische Köchin (für uns Jungs wohl die beste Therapeutin) und sogar einen Swimmingpool.

Nur zum Heroin gibt es keine Alternative. Die Schlauen unter uns bewältigen die Programme tagsüber mit Bravour, um nachts wieder voll auf Droge zu sein. Wir sind ein verlogener Haufen. Die Therapeuten merken entweder nichts, oder, falls sie doch was merken, lassen sie uns gewähren. Sie haben offensichtlich mit sich selbst genug Probleme. Ich finde den ganzen Laden ziemlich daneben, zumal mich die Therapeuten und die anderen Patienten aus unerfindlichen Gründen „Krümelmonster" nennen. Es läuft nach demselben Muster wie schon im Internat: Wer sich nicht produzieren kann, wer nicht so cool ist wie die harten Typen von der Düsseldorfer Szene, der wird nur müde belächelt. Das größte Erfolgserlebnis auf dieser Therapie ist, daß es mir zum erstenmal gelingt, jemand die Frau auszuspannen. Die besondere Genugtuung liegt darin, daß sie die Freundin von dem absoluten Obermacker unter uns Junkies ist. Aber auch das hält nur für ein paar Wochen.

Im Grunde war ich überhaupt nicht beziehungsfähig und kriegte deshalb mit Frauen nie was auf die Reihe. Wenn ich ein Mädchen auf einer Fete kennenlernte und mich in sie verguckte, konnte ich sicher sein: Nach einer Woche empfand ich nichts mehr für sie. Egal ob wir miteinander geschlafen oder nur Händchen gehalten hatten – sie war mir über. Ich ließ die Sache im Sand verlaufen. Abgesehen davon lagen damals die Drogen bei meinen Bedürfnissen weit vor den Frauen.

Um an den ersehnten Stoff zu kommen, müssen wir uns öfter mal was Neues einfallen lassen. Der Verbrauch im Entziehungsheim ist hoch. Eines Nachts steigen wir in eine Arztpraxis ganz in der Nähe ein. Nicht gerade eine originelle Idee, der Verdacht fällt natürlich sofort auf uns. Alle anderen werden auch erwischt. Die Polizei findet auf ihren Zimmern geklaute Medikamente. Nur ich komme ungeschoren davon, weil ich die erbeuteten Opiate und Rezeptblöcke im Wald vergraben habe – und weil die anderen mich nicht verpfeifen.

Die Rezepte löse ich bei Tagesausflügen in verschiedenen Apotheken der Nachbarstädte ein. Das Fälschen ist auch hier kein großes Problem. Arzt-Unterschriften sind ja standesgemäß unleserlich, und den Stempel der Praxis habe ich wohlweislich auch mitgehen lassen. Ich kreuze immer „AOK“ und „frei“ an. So spare ich sogar noch die eine Mark Rezeptgebühr. Es klappt eigentlich immer, nur in Düsseldorf fliege ich einmal auf. Die Apothekerin mustert das Rezept etwas zu lange und verschwindet dann in einem Hinterraum. Instinktiv mache ich die Biege und tauche in der Altstadt unter. Kurz darauf muß die Polizei aufgetaucht sein.

In dieser Zeit besucht mich auch mein alter Freund Martin aus dem Internat. Er ist mir praktisch in allen Etappen meiner Drogenkarriere nachgefolgt: Haschisch, LSD, Heroin – wenn auch immer einen Schritt hinterher. Wir besorgen uns wieder Heroin und knallen uns voll. Dabei benutzen wir natürlich dasselbe Besteck. Ein paar Wochen später hat auch Martin Gelbsucht. Im Gegensatz zu mir nimmt Martin dieses Alarmsignal sehr ernst. Es hat ihn wohl vor dem tieferen Abrutschen in die Szene bewahrt.

Nach neun Monaten breche ich die Therapie ab. Ohne Vorwarnung ist bei allen ein Urintest vorgenommen worden. Noch bevor das Ergebnis heraus ist, packe ich freiwillig meine Klamotten.

9.

Das große Flattern

Wieder zu Hause lerne ich auf einer Fete Rosi kennen. Wir verstehen uns sehr gut. Rosi ist auch bei meinen Eltern gern gesehen. Sie kommt nicht von der Szene und steckt in der Ausbildung zur Krankenschwester, also ein ordentliches Mädchen. Sie mag mich, obwohl es für sie bestimmt nicht leicht ist, mit einem Abhängigen zu leben: ständig die Nummer zwei hinter der Droge zu sein, ständig auf leere Versprechungen hereinzufallen. Sie hält lange an der Illusion fest, als Frau einen Fixer von der Nadel zu holen. Unsere Beziehung hält knapp ein halbes Jahr. Damit stelle ich einen neuen Rekord auf.

Eines Abends erzähle ich meinen Eltern, ich wolle mit Rosi essen gehen. Ich habe mir Schlips und Kragen angezogen, also finden sie es in Ordnung. In Wirklichkeit fahre ich mit einem Bekannten in einem alten VW-Käfer nach Holland. Meine Eltern hatten das Krankengeld, das während meiner Therapie aufgelaufen war, auf ein Konto gelegt und mir später übergeben. 700 Mark davon sind noch über, damit wollen wir uns in Eindhoven günstig mit Heroin eindekken. Der Kauf gelingt, aber vermutlich hat der Dealer mit der Polizei zusammengearbeitet. Das ist öfter so. Dann geht der Dealer straffrei aus, und der Käufer wird geschnappt.

Gerade will ich in den VW einsteigen, da spüre ich zwei Hände auf meinen Schultern. Die Arme werden mir zurückgebogen, dann rasten die Handschellen ein. Ich werde abgeführt, muß mich auf der Wache ganz ausziehen. In einem Tablettenröhrchen, das ich in der Unterhose versteckt habe, finden sie die acht Gramm Heroin. Damaliger Wiederverkaufswert: rund 3000 Mark. Ich werde in eine Zelle gesteckt. Ein Wärter gibt mir zu verstehen, daß ich mich auf einige Zeit einrichten müsse und daß es im holländischen Knast etwas ungemütlicher zugehe als in deutschen Haftanstalten: „Hier hast du keine Chance."

Die folgenden Tage bestätigten seine Worte. Allein und mit den üblichen Entzugserscheinungen liege ich auf der Betonpritsche in meiner Zelle. Drei mal zwei Meter. Das Licht ist Tag und Nacht an. 24 Stunden dröhnt die Musik. Das Essen ist mies, riecht nach Hundefraß. Das Klo wird einmal am Tag von außen abgezogen. Zwischendurch werde ich mehrmals zur Vernehmung vorgeführt. Keiner sagt mir, wie lange sie mich festhalten können, ob sie mir hier den Prozeß machen oder ob ich an die Bundesrepublik ausgeliefert werde. Ich kriege das große Flattern. Ein einziges Mal gibt man mir zur Beruhigung ein Valium.

In der Zelle kommen mir auf einmal die Erlebnisse mit Jesus hoch. Die Not ist groß genug, um mich wieder beten zu lassen: „Jesus, wenn es dich noch gibt, dann hol mich hier raus, und ich will mein Leben ändern!"

Zwei Tage danach werde ich aus der Zelle in einen Gesprächsraum geführt. Mein Vater steht vor mir. Wir weinen und fallen uns um den Hals. Es sprudelt aus ihm: „Junge, als du fort warst, wußten wir nicht, was los war. Aber wir haben es rausgefunden. Ich hol' dich jetzt hier raus."

Im Zug von Eindhoven in Richtung Sauerland reden wir nach Jahren des Schweigens zum erstenmal wieder richtig miteinander. Mein Vater verspricht mir den Himmel auf Erden, wenn ich mich nur von den Drogen lossage. Er will alles vergessen und mir alle Türen öffnen. Ich bin so kaputt und gleichzeitig so froh, ihn zu sehen, daß ich ihm alles zusichere. Ich glaube wirklich an meine Chance. Zum erstenmal nach langen Jahren habe ich wieder das Gefühl, daß mich mein Vater liebt.

Gegen Ende der Rückfahrt wird mir übel. Meine Leber meldet sich zurück. Zu Hause angekommen muß ich wegen erneuter Gelbsucht sofort ins Krankenhaus. Clean, also runter von der Droge, komme ich rein, nach fünf Wochen werde ich voll drauf entlassen. Der Geist ist willig, aber mein Fleisch viel zu schwach, der Versuchung zu widerstehen. Das Rufsystem des Krankenhauses leistet mir bei meinem Rückfall beste Dienste. Ich weiß immer genau, auf welcher Station sich die Nachtschwester gerade aufhält. Wo die Schlüssel zu den Medikamentenschränken hängen, habe ich auch schnell rausgekriegt. So kann ich mich im ganzen Krankenhaus systematisch mit Valoron versorgen. Andere Medikamente lasse ich zur Sicherheit auch noch mitgehen. Keiner merkt was, nur bei der Entlassung fragt mich der Chefarzt: „Herr Schulte, in unserem Krankenhaus sind sämtliche Flaschen Valoron verschwunden. Können Sie mir das erklären?" – Ich habe es ihm nicht erklärt.

Am ersten Tag zu Hause komme ich sofort auf Valoron-Entzug. Meine Bezugsquelle ist versiegt. Ich nehme eine Flasche Aprikosenlikör aus dem Schrank und kippe sie runter. Dazu werfe ich eine Handvoll Distras, die letzten Pillen aus meiner Krankenhaus-Reserve. Ich drehe langsam ab. Irgendwie komme ich noch in einen Laden, um meiner Mutter den Likör zu ersetzen. Dann klappe ich im Eßzimmer auf einem Stuhl zusammen, die Zigarette brennt mir zwischen Zeige- und Mittelfinger durch. Ich falle ins Delirium.

Meine Eltern akzeptieren inzwischen, daß ich krank bin. Ein Sozialarbeiter von der DROBS, der Drogenberatungsstelle Iserlohn, kann sie davon überzeugen. Zwei Dinge werden ihnen klar. Erstens: Ihr Sohn ist krank und braucht Hilfe. Zweitens: Ein Süchtiger muß erst in seinem eigenen Dreck liegen, ehe er bereit ist, sich helfen zu lassen.

Meine Eltern werden langsam konsequent. Da ich mich nicht ändere, weisen sie mich aus dem Haus. Ich weiß heute, daß dieser Schritt beiden unheimlich schwer fiel – aber es war ein unheimlich wichtiger Schritt.

Für mich folgen Wochen der Erniedrigung. Ich schnorre mich bei Freunden durch, penne im Auto, ein paar Nächte auch in Kellereingängen. Ich klaue mir Essen und Trinken zusammen, kann mich ungewaschen und stinkig selbst nicht mehr ertragen. Völlig abgewrackt lande ich eines Tages bei der DROBS in Iserlohn. Da geht es recht locker zu. Die Sozialarbeiter geben ihr Bestes. Sie besorgen mir sogar einen Job in der Landschaftsgärtnerei. Aber als ich bei der Arbeit ohnmächtig werde und umkippe, ist der Job weg. Eines Tages setzt sich in der Drogenberatungsstelle ein junger Mann zu mir, den ich nur flüchtig kenne. Er bietet mir ein Glas Wein an. Er redet nicht um den heißen Brei, kommt sofort zur Sache: „Uli, wenn du so weitermachst, bist du in ein paar Monaten tot. Ich kenne da eine christliche Wohngemeinschaft in Eininghausen bei Herford. Die Typen da waren selbst mal so drauf wie du, und die sind jetzt clean. Die helfen dir, da mußt du hin!" Die Voraussage über meine Lebenserwartung schockt mich nicht besonders. Mein Hausarzt hat mir kurz zuvor auch höchstens noch ein halbes Jahr gegeben. Ich bin auch nicht besonders erbaut von dem Gedanken an eine fromme Wohngemeinschaft, denke mir aber: Besser ein paar Wochen entziehen, als weiter auf der Straße rumzuhängen.

Falk, ein anderer Mitarbeiter der DROBS und einer der wenigen Menschen, zu denen ich Vertrauen habe, will mich nach Eininghausen bringen. Obwohl er genug eigene Probleme um die Ohren hat, nimmt er mich vorübergehend bei sich auf. Ich verbringe drei wunderbare Tage in seinem Kotten auf dem Land. Dann erlebe ich zum ersten und zum letzten Mal, wie Falk der Kragen platzt: als er feststellen muß, daß ich seine großzügig ausgestattete Hausbar völlig ausgeräumt habe.

10.

Die fromme WG

Als mich Falk in der Wohngemeinschaft in Eininghausen abliefert, traue ich erst meinen Augen nicht. Ich habe ja einige fromme Erfahrungen gemacht, allen voran meine eigene Halleluja-Phase nach den Missionswochen in Hemer. Aber das hier geht doch entschieden zu weit. Die Leute hier, die sich ganz einfach „Christen" nennen, ohne sofort die evangelische, katholische oder freikirchliche Filiale nachzuschieben, für die sie arbeiten, – diese Leute also nehmen mich zunächst einmal richtig in den Arm und geben mir einen dicken Kuß, Männlein wie Weiblein. Es gehören etwa 20 Menschen, Erwachsene und Kinder, zu der Wohngemeinschaft, die in einem alten Bauernhof haust. Als ich zum erstenmal zur Toilette muß, schockt mich das Plakat über dem Spülkasten. „Jesus liebt dich!" steht da in großen Lettern, geschmackvoll umrahmt von Blumen. So ein Plakat auf dem Klo – das geht gegen mein verbliebenes religiöses Empfinden. Als ich, gerade vom Schreck erholt, in die große Diele trete, fällt mein Blick auf die Pinnwand. Sie ist in zwei Hälften unterteilt. Linke Spalte: „Vater, wir bitten DICH." Rechte Spalte: „Vater, wir danken DIR." Diese Fanatiker danken für jeden Happen, den sie auf die Gabel bekommen, für die Reifen am VW-Bulli, dafür, daß Jesus jemanden von den Drogen befreit hat, und anderes mehr. Und sie bitten um Essen für die nächste Woche, um Anziehsachen für die Kinder, um Geld für eine fällige Autoreparatur. Als ob Gott keine anderen Sorgen hätte! Mir ist klar, daß diese Leute völlig abgedreht sind. Ich schwöre mir: Mach deinen Entzug und dann nichts wie weg hier!

In den ersten Wochen warte ich darauf, daß sich die sogenannten Bekehrten nachts mit Drogen versorgen. Doch Fehlanzeige: Die sind nachts genauso fromm und clean wie am Tag! Irgend etwas ist bei ihnen anders als bei den Junkies, die ich in meiner ersten Therapie kennengelernt habe. Was sie sagen, kann man ihnen offenbar abnehmen. Und ihre Augen sind nicht stumpf und tot wie Fixeraugen. Sie strahlen etwas aus, das mich neugierig macht!

Der Tag beginnt mit einer Andacht. Das gemeinsame Singen, begleitet von Gitarren, Bongos und Flöten, gefällt mir. Das ganze ist noch ziemlich hippiemäßig angehaucht. Wir singen Lieder der Jesus People, in denen eine Emotion steckt, daß mir manchmal die Tränen kommen. Die Tageslosung wird vorgelesen, und der Leiter – früher selbst drogenabhängig – legt den Bibelvers aus. Er ist kein Pastor oder Theologe. Aber was er sagt, hat Hand und Fuß. Und wie die beten! Erst wird in die Runde gefragt: Hat jemand ein besonderes Problem, eine Schwäche? Sollen wir an jemand denken? Und dann betet einer nach dem anderen, manchmal auch alle miteinander. Dann wieder in Sprachen, die ich nicht verstehe. Vielleicht Hebräisch? Aber klar ist: Egal ob Not, Dank oder Lob – Gott ist zuständig.

Wo war ich nur gelandet? Offensichtlich in einem Haus von christlichen Freaks, bei denen einiges drunter und drüber ging. Aber die Leiter meinten es ernst und butterten ihr ganzes Leben in diese Sache. Gegründet hatten die WG ehemalige Mitglieder der Rockband *Starfighters,* Sauerland-Idole vom Anfang der siebziger Jahre. Ursprünglich alles Drogentypen natürlich, die sich nach einer Missionsveranstaltung bekehrt hatten. Es war die Zeit der Jesus People. Damals sagten sich viele junge Leute von den Drogen los. Die Wohngemeinschaft in Eininghausen sollte eine Art Urgemeinde im kleinen sein. Feste Bindungen an eine Kirchengemeinde bestanden nicht, auch wenn es, bedingt durch die Entstehung, einen pfingstkirchlichen Einschlag gab.

Das Zusammenleben lief sehr kommunenmäßig, sehr chaotisch. Der Laden war ganz schön siffig. Zu Anfang hatten einige noch fleißig gekifft, wobei die Strenggläubigen angeblich sogar einen Zehnten vom Haschisch „dem Herrn geopfert" hatten. Das war allerdings vor meiner Zeit gewesen.

Aber auch jetzt ließen wir es uns noch gutgehen. Nach der Bibelstunde wurde erst einmal – grasfrei – geraucht und fast bis Mittag Kaffee getrunken. Abends kam oft Wein auf den Tisch, was nicht gerade den Prinzipien einer Drogentherapie entspricht. Einer regelmäßigen Arbeit ging niemand nach. Der ganze Verein lebte von der Hand in den Mund. Neuankömmlinge wurden zwar zu kleinen Diensten in Haus und Hof angehalten, aber wenn man keine Lust hatte, wurde nicht darauf bestanden. Wenn dann einer von den Freunden und Förderern, die ab und zu Geld oder Naturalien vorbeibrachten, vorsichtig meinte, wir sollten weniger rumhängen und mal wieder jobben gehen, hatten wir auf eine derart „gesetzliche" Einstellung natürlich sofort Psalm 127 parat: „Kennst du deine Bibel nicht? Da steht: ‚Den Seinen gibt's der Herr im Schlaf . . .'"

Wir lagen sicherlich in mancher Beziehung daneben. Aber mir persönlich kam dieser Lebensstil sehr entgegen, denn einen Sprung aus der Gosse direkt ins bürgerliche Leben hätte ich wahrscheinlich gar nicht verkraftet. Ungeachtet aller Mängel ist Eininghausen zum Wendepunkt in meinem Leben geworden. Es passierte einfach zu viel, was für diese Sache mit Jesus sprach. Wenn mir beispielsweise Bernd erzählte, daß er ohne Entzugserscheinungen von einem Tag auf den anderen frei vom Heroin geworden war, blieb mir nichts anderes übrig, als ihm zu glauben. Ich wußte, daß er acht Jahre an der Spritze gehangen hatte. Jetzt arbeitete er fröhlich von morgens bis abends in Küche und Garten. Er hatte sein altes Leben hinter sich gelassen, als Zeichen dafür hatte er sich sogar seine langen Haare abgeschnitten. Und weil in der Bibel stand „Wer glaubt und getauft wird, der wird gerettet" (Markus 16, 16), war er auch in die Badewanne des Bauernhofs gestiegen, um sich darin taufen zu lassen.

Es fing an mich zu beeindrucken, daß diese jungen Christen die Bibel so ernst und wörtlich nahmen, als sei Jesus wirklich in ihrer Mitte. Ein Vers aus dem Hebräerbrief, den sie zitierten, wurde mir besonders wichtig: „Jesus Christus ist derselbe, gestern, heute und in alle Ewigkeit.“ War es mir nicht so ergangen? Vor mittlerweile vier Jahren hatte ich auf der Evangelisation in meiner Heimatstadt Jesus als meinen Freund und Erlöser in mein Leben gerufen. Im holländischen Untersuchungsgefängnis bat ich ihn inständig, mir zu helfen. Wenn ich ihn dazwischen auch immer wieder vergessen hatte, so war *er* mir doch treu geblieben. *Er* wollte mich immer noch herausholen aus meiner Sucht, meinem Elend, meiner Verlorenheit. Wahrhaftig: Wen Gott einmal an der Angel hat, den läßt er so schnell nicht wieder los.

11.

Nervenklinik

Ich war innerlich zerrissen. Ich wollte so gut und rein werden wie diese Christen. Aber ich konnte immer noch nicht von den Drogen lassen. Wenn ich ein Wochenende zu meinen Eltern fuhr oder mein Freund Martin mich abholte, wurde ich sofort wieder rückfällig. Mit einem schlechten Gewissen zwar, doch das änderte nichts an meinem Verhalten. Ich weiß noch, wie ich einmal nach Hause fuhr und dachte: Jetzt bist du frei, jetzt brauchst du das nicht mehr. Jetzt kannst du mal ruhig auf die Szene fahren und den anderen erzählen, was Jesus an dir getan hat. Ich fahre nach Menden. In der Stadtmitte ist eine große Ampelkreuzung, hinter der Ampel liegt das Rathaus, in dessen Bogengang sich die Junkies treffen. Noch 100 Meter vor der Ampel bin ich begeistert von Jesus und nehme mir vor: Denen erzählst du einen. Aber als ich an der Ampel stehe und die Typen sehe, weiß ich: Ich muß wieder fixen. Und da habe ich auch wieder gefixt.

Auch das alte Rebellenblut steckte noch in mir drin. Das machte das Zusammenleben in Eininghausen manchmal recht schwierig. Als mich der Leiter der Wohngemeinschaft eines Tages bittet, den Ofen anzustecken, motze ich ihn an: „Pack dich doch zuerst selbst an den Hintern (das war nicht das Wort, das ich benutzte), und dann komm zu mir!“ Aber diese Christenmenschen waren unendlich geduldig. Sie schmissen mich einfach nicht raus.

Dann gab es wieder einen Zwischenfall. Ich wachte morgens auf und war am ganzen Körper gelb wie eine Zitrone.

Das vierte Mal Gelbsucht. Langsam wurde es gefährlich. Ich kam einmal mehr ins Krankenhaus. Dort hatte ich wieder einen absoluten Durchhänger. Ich kam nicht aus dem Schlamassel raus. Manchmal *wollte* ich es auch gar nicht. Natürlich haben die Leute recht, die sagen: Ohne den eigenen Willen kommt man nicht von den Drogen los. Aber das ist ja gerade das teuflische an der Sucht: Der eigene Wille ist gebrochen.

Ein anderer Vorfall zeigt besonders deutlich, wie sehr die Sucht und der Wunsch nach Erneuerung in mir rangen. Eines Abends breche ich den Arzneimittelschrank der Station auf und stopfe mich mit Schlaftabletten voll. Dann nehme ich eine Rasierklinge und schneide mir, um endlich normal zu werden, meine langen Haare vom Kopf. So habe ich es ja bei den anderen gesehen. Das Ergebnis ist eine Stoppelglatze mit einer Vielzahl von Schnittwunden auf der Kopfhaut. Die Schlaftabletten fangen an zu wirken. Ich lege mich aufs Bett und bin sofort weg. Sie finden mich, und der Rettungswagen bringt mich mit Blaulicht und Martinshorn ins Landeskrankenhaus nach Lengerich. Ich werde auf einer Art Akut-Station eingeliefert. Als die Wirkung der Schlaftabletten nachläßt, packt mich der Schreck: Ich bin von lauter Verrückten umgeben. Mein linker Nachbar sitzt nur stumpfsinnig auf dem Bett, wiegt den Körper hin und her, alle paar Minuten flitzt er mit dem Zahnbecher in der Hand zum Klo. Mein rechter Nachbar, offensichtlich im Delirium und von Wahnvorstellungen geplagt, gibt nur wirres Zeug von sich.

Die Zeit in der Nervenklinik habe ich trotz allem nicht nur in schlechter Erinnerung. Einer der Patienten sowie eine Nachtschwester bauen eine Beziehung zu mir auf, was mir etwas Mut gibt. Zwischendurch haue ich mehrfach ab. Einmal, um mir eine Perücke für meine Glatze zu besorgen. Ein andermal, um einem Arzt im Ort zu erzählen, ich sei hier auf Montage und hätte mein Valoron vergessen – das er mir dann freundlicherweise verschreibt. Dann wieder holt mich Martin zu einem Wochenendtörn mit Heroin ab. Auf der Rückfahrt sind wir beide so breit, daß wir an einer Autobahnraststätte halten müssen. Wir nehmen ein Zimmer. Da wir sofort mit der Zigarette in der Hand einschlafen, kokelt in der Nacht die Bettdecke an. Der beißende Rauch weckt uns. Wir tauschen die Decke mit einer vom Nachbarzimmer aus, um nicht belangt zu werden. Am nächsten Morgen machen wir uns in aller Frühe aus dem Staub.

Ich steuere auf meinen 20. Geburtstag zu, und Martin will zur Feier des Tages eine Runde Heroin ausgeben. Ich klaue im Landeskrankenhaus Einwegspritzen, er besorgt den Stoff. Kurz bevor die Fete steigen soll, taucht Armin auf, der Leiter der WG in Eininghausen. Er will mir zum Geburtstag gratulieren. Mitten im Gespräch schaut er mir auf einmal tief in die Augen und sagt: „Uli, ich weiß, was ihr vorhabt. Entscheide dich: Entweder gehst du mit Martin, oder du kommst mit mir in die WG zurück. Es ist deine allerletze Chance!“ Ich bin erschüttert. Woher kennt er nur unseren Plan? Klar: Armin, der alte Kiffer, ist mit allen Wassern gewaschen. Er sieht Martin und braucht nur zwei und zwei zusammenzählen. Aber ich weiß auch, daß mit Armins „Prophezeiungen“ nicht zu spaßen ist. Er hatte schon einmal einen Fixer auf diese Art gewarnt. Der hatte nur gelacht, aber am nächsten Tag war er tot. Überdosis. Nach kurzem Ringen mit mir selbst packe ich meine Sachen und fahre mit ihm nach Eininghausen zurück.

12.

Abschied von der Geliebten

Trotz dieser eindringlichen Warnung habe ich danach noch ein oder zwei Rückfälle. Ich kann meine Finger einfach nicht von dem Zeug lassen. Bis zu dem Tag, als Armin bei der Morgenandacht auf mich zukommt und wieder wie ein Prophet zu mir redet: „So spricht der Herr: Wenn du heute deine Geliebte nicht losläßt, ist es aus mit dir!" Das geht unter die Haut. Ich weiß sofort, was Armin mit der „Geliebten" meint, die ich aufgeben soll. Nichts anderes als meine Spritze natürlich.

Armins Worte zwingen mich wieder auf die Knie. Ich bete: „Jesus, nimm du mein Leben in deine Hand. Mach mich frei von den Drogen!" Dieser Tag brachte endgültig die Wende in meinem Leben. Von diesem Tag an – vor mittlerweile fast 15 Jahren – habe ich kein Körnchen Heroin mehr gefixt, keinen Tropfen Valoron mehr geschluckt und kein Gramm Haschisch mehr geraucht. Seit diesem Tag bin ich fertig mit Drogen.

In den folgenden Wochen erlebe ich, was Christen Sündenerkenntnis und Umkehr nennen. Sternschnuppen fallen mir von den Augen, Kronleuchter gehen mir auf. Mir wird klar, daß nicht meine Eltern, nicht die Lehrer, nicht die Gesellschaft oder sonst jemand schuld ist an meiner Misere. Ich selbst bin schuld! Ich habe mich von Gott abgewandt, mein Leben in die eigene Hand genommen und bin damit gescheitert. Ich bin ein *Sünder*: durch eigene Schuld getrennt von Gott. Ich bin verzweifelt. Ich schäme mich so über meine Schlechtigkeit, daß ich innerlich völlig zerbreche. Ende, aus. Doch dann wird mein Blick auf Jesus Christus gelenkt. Aus der Tiefe des Zerbruchs kann ich wie nie zuvor begreifen, daß er am Kreuz auch meine Sünden und Krankheiten auf sich genommen hat. Mein Versagen, meine Schuld – alles hat er getragen. Ich *sehe* ihn und weiß: Er hat mir bereits vergeben. Und nun würde er mich heilen, von Sucht und Sünde befreien und zu einem neuen Menschen machen. So wandelte sich langsam die Beschämung über die Sünde in die Freude über die Erlösung.

Seitdem wurde alles anders, hauptsächlich in kleinen, manchmal aber auch in großen Schritten. Während ich mich bei einer Morgenandacht wieder einmal über die seltsamen Sprachkenntnisse der anderen beim Beten wundere, passiert etwas mit mir. Der ganze Andachtsraum scheint plötzlich zu brennen. Es ist, als ob das ganze Haus bebt. Ich werde von oben bis unten von einer starken, warmen Kraft durchströmt. Ich weine und lache. Ein solches Gefühl der Glückseligkeit habe ich noch nie erlebt – auch nicht unter Drogen. Ich finde keine Worte mehr, um Jesus zu preisen. Die kleine Jeanette, Armins Tochter, fragt: „Papa, was ist hier los, warum wackelt denn alles?“ Armin erklärt ihr: „Das ist der Heilige Geist.“ Kurz darauf fange auch ich an, in einer fremden Sprache zu reden.

Was geschehen ist, muß dem ähnlich gewesen sein, was die ersten Jünger zu Pfingsten erlebten: Nach der Himmelfahrt Jesu harrten sie in Jerusalem zusammen im Gebet aus. Nach zehn Tagen wurden sie, wie Jesus versprochen hatte, mit dem Heiligen Geist getauft. Es gab ein Brausen wie bei einem Sturm, „Zungen wie von Feuer“ erschienen und ließen sich auf den Versammelten nieder. Diese wurden vom Heiligen Geist erfüllt und begannen, in fremden Sprachen zu reden, wie es ihnen eingegeben wurde. Menschen aller Völker, darunter Parther, Meder, Elamiter, Ägypter, Libyer, Römer, Kreter und Araber, hörten sie in ihrer Sprache Gottes große Taten preisen. Nachzulesen in der Apostelgeschichte, in der der Evangelist Lukas das Pfingstereignis beschreibt (Apostelgeschichte 2,1–4). Mir ist schon bewußt, daß die meisten Menschen Pfingsten heute als eine „Wundergeschichte“ abhaken, erklärlich aus dem Überschwang der jungen Urgemeinde. Das ist normal. Schon beim ersten Pfingstfest hatten ja die Skeptiker gehöhnt: „Sie sind voll des süßen Weines“ (Apostelgeschichte 2, 13). Noch mehr wird bei manchen mein persönliches Pfingsterlebnis auf völliges Unverständnis stoßen. Selbst vielen Christen sind ja die Geistestaufe und das Zungenreden – in der Bibel immerhin als Geistesgabe der Jünger Jesu beschrieben – äußerst suspekt. Ich kann nur meine persönliche Erfahrung dagegensetzen. Wer meint, daß derartige Berührungen durch den Heiligen Geist heute nicht mehr möglich sind, könnte sich aber vielleicht fragen, ob er dem Geist Gottes nicht ein bißchen zuwenig zutraut.

Wir hatten damals einen sehr einfachen Glauben. Konfession und Kirche waren Nebensache. Wir lasen, daß Jesus den ersten Jüngern ein Beistand schicken wollte. Also warteten wir auf den Heiligen Geist. Wir lasen: Wir Menschen wissen oft gar nicht, wie wir beten sollen, daß uns aber der Geist mit „unaussprechlichem Seufzen“ vor Gott vertreten wird (Römerbrief 8, 26). Also war es nicht so verwunderlich, daß manche plötzlich in fremden Zungen sprachen. Ich weiß aber auch, daß nicht jeder Christ das genauso erleben muß wie ich. Das ist auch nicht zur Erlösung und zum Heil notwendig. Gerettet werden wir allein durch den Glauben an Jesus Christus. Aber in irgendeiner Form ist jeder Christ auf Berührungen durch den Heiligen Geist angewiesen. Gott spricht jeden Menschen in der Weise an, die *er* für richtig hält. In meinem Fall war es bestimmt wichtig, daß die Gottesbegegnung sehr ergreifend war. Ich war immerhin über fünf Jahre drogenabhängig gewesen: körperlich, geistig und emotional. Da mußte schon etwas Stärkeres kommen, um mich davon loszureißen. Als der Raum bebte und brannte und mich dieser warme Strom göttlicher Liebe durchfloß, wußte ich: Dieser Gott hat die Macht, mich zu heilen. Seit diesem Tag konnte mir keiner mehr kommen: „Es gibt keinen Gott.“ Ich hatte ihn erlebt. Ich wußte es!

Die Veränderung in meinem Leben war aber auch eine ganz langsame Entwicklung. In der WG drehte sich einfach nicht mehr alles 100 Prozent um Drogen. Das andere, die Freude am Beten, Singen, am Bibellesen in der Gemeinschaft, wurde stärker, nahm überhand, verdrängte zunehmend die Lust an der Droge.

Ich fing an, selbständig die Bibel zu lesen, und merkte, daß darin nicht nur ewige Wahrheit, sondern auch ganz persönlicher Zuspruch und Anstoß zu finden ist. Ich litt noch häufig unter Depressionen. Einmal knie ich mich in meinem Bauernkämmerlein hin und schreie fast zu Gott: „O Gott, hilf mir. Ich bin so verzweifelt!“ In meiner Niedergeschlagenheit schlage ich die Bibel auf, mein Blick fällt auf ein Wort des Propheten Jesaja: „Er gibt dem Müden Kraft und Stärke genug dem Unvermögenden ... die auf den Herrn harren, kriegen neue Kraft, ... daß sie laufen und nicht matt werden“ (Jesaja 40, 29–31). Es ist, als würde Jesus selbst zu mir sprechen. Und tatsächlich werde ich mit neuer Kraft durchströmt.

Auch meine Einstellung zu vielen alltäglichen Dingen ändert sich. Eines Morgens wache ich auf und habe die Idee, den Ofen anzuzünden. Das wäre mir vorher im Traum nicht eingefallen. Ich stehe auf, stopfe den Ofen und mache Feuer. Die anderen trauen ihren Augen nicht, als sie in die warme Stube kommen. Der Ofen ist fortan mein Revier. Der Rebell hat sich in den Dienst der Gemeinschaft gestellt.

Wir hatten, wie gesagt, einen äußerst einfachen Glauben. Wir waren nicht nur geistlich, sondern auch materiell auf Gott angewiesen. Es gab keine staatliche Unterstützung, nur ein paar Christen aus der Gegend halfen uns, so gut sie konnten. Ein evangelischer Diakon brachte ab und zu Lebensmittel vorbei, ein Arzt stand uns kostenlos bei der aufwendigen medizinischen Versorgung zur Seite. Ein Holzhändler gab uns ab und zu Gelegenheit, ein paar Mark zu verdienen. Abgesehen davon wußten wir uns mit unseren Bedürfnissen nur an Gott zu wenden. Wenn das

Essen knapp wurde, ging's einfach auf die Knie, um zu beten: „Unser tägliches Brot gib uns heute!"

Als wieder einmal der Kühlschrank leer ist, gehe ich Pilze sammeln. Ich kenne nur die eine Sorte, von der gibt es genug auf den Wiesen. Sie sind uns schon über. Während ich noch Pilze suche, kommt Gott sei Dank (ich meine das so) der Diakon zu unserem Haus. Er hat den ganzen Kofferraum voll mit Lebensmitteln und sagt: „Als ich heute morgen stille Zeit machte, hatte ich den Eindruck, ich sollte euch Lebensmittel bringen." So etwas erlebten wir in diesen Tagen nicht selten.

Neben allem, was sich langsam zum Guten wendet, bleibt mein Verhältnis zu Frauen noch ein wunder Punkt. Da ist noch Rosi, meine Exfreundin aus Hemer, die ich noch ab und zu treffe. In einem Brief schreibe ich ihr von meinem Neuanfang und frage sie, ob sie die Freundschaft wieder aufnehmen will. Ich hänge noch so an ihr, daß ich sie sogar bitte, meine Frau zu werden. Ihre Antwort, die zwei Wochen später kommt, macht mich fertig. Sie sagt sich darin regelrecht von mir los. Rosi schreibt: „Es war schlimm genug, mit dir als Fixer zusammen zu sein, aber mit einem verrückten Christen will ich nichts mehr zu tun haben." Wohl oder übel muß ich Rosi aufgeben.

Ich war einfach noch nicht reif für eine Partnerschaft. In meinem Leben gab es zu große Defizite, was Beziehungen anging. Zu vieles war kaputtgegangen, zuwenig war aufgebaut und gelernt worden. Ich tat etwas, was ich ja schon öfter in meinem Leben gemacht hatte: Ich schloß einen „Kontrakt" mit Gott. Im Gebet sagte ich: Fünf Jahre will ich das Thema Frauen ruhen lassen. Und ich hoffe und bete dafür, daß ich in dieser Zeit in meiner Persönlichkeit so gesund werde, daß ich zu einer Partnerschaft fähig bin.

Ich wachse im Vertrauen auf Jesus und werde auch körperlich wieder kräftiger. Um die gemeinsame Kasse aufzubessern, nehme ich verschiedene Tätigkeiten an: Renovierungen, Gerüstbau, Lagerarbeiten – was gerade kommt. Dann werde ich das erste Mal zum Zeugnisgeben eingeladen. Im benachbarten Eickhorst gibt es eine kleine Gemeinde. Die lieben Glaubensgeschwister haben uns in ihr Herz geschlossen, obwohl wir alles andere als fromm aussehen. In dieser Gemeinde soll ich erzählen, wie es zu der Wende in meinem Leben gekommen ist. Ich bin nicht gerade begeistert von dieser Idee, weil ich seit jeher vor anderen nicht gut reden kann. Aber irgendwann bin auch ich dran, meinen Glauben zu bezeugen. Nach meinem Bericht nimmt mich einer der Gemeindeältesten zur Seite, um mir ein paar ermutigende Ratschläge zu geben: „Uli, du hast uns eine Stunde lang deine Schandtaten aufgezählt und am Schluß nur einen Satz über Jesus gesagt: ‚... und jetzt glaube ich an Jesus. *Er* hat mich gerettet!'"

Der Mann hatte völlig recht. Ich hatte mich regelrecht an meiner kaputten Vergangenheit geweidet. Dafür hatte ich mich in puncto Bekehrung auf das Wesentliche beschränkt.

13.

Vom Fixer zum Pastor

Nach etwa einem Jahr, ich steuerte auf meinen 21. Geburtstag zu, war ich mit dem Gröbsten durch. Es war offensichtlich: Ich war frei von Drogen. Jetzt stellte sich die Frage, wie es weitergehen sollte. Wir beteten gemeinsam: „Was soll Uli tun?“ Ich war zu allem bereit: Schulabschlüsse nachzuholen, die abgebrochene Lehre zu beenden. Oder mich ganz in den Dienst Gottes stellen? Vom Fixer zum Pastor? – Das war zwar nicht der übliche Weg, aber was sprach eigentlich dagegen? Mein Herz schwappte über vor Freude an meinem neuen Herrn. Wir überlegten hin und her. Eines Morgens in der Andacht betete Karin, die Frau des Leiters: „Jesus, wenn Uli wirklich eine Bibelschule besuchen soll, dann mache uns das irgendwie klar. Bestätige es durch einen anderen Christen.“ Das war vielleicht ein bißchen naiv, aber wir hatten eben einen sehr kindlichen Glauben. Wir waren religiöse Babys. Aber Jesus sagt doch: „Wer das Reich Gottes nicht annimmt wie ein Kind, der wird nicht hineinkommen“ (Lukas 18, 17). Sicherlich ist unser Verstand eine der wertvollsten göttlichen Gaben. Den sollten wir nie mit dem Hut am Ständer ablegen. Aber ein kindliches – nur nicht ein *kindisches* – Vertrauen dürfen wir zu Gott schon haben. Ich erlebe das heute als Vater unserer Kinder selbst oft genug. Wenn sie mich ganz unkompliziert um etwas bitten und ich erkenne, daß es ihnen nützt, dann gebe ich es ihnen gerne. Ich ließ mir von verschiedenen christlichen Werken Material zuschicken. Der Hammer war ein Informationspaket der Bibelschule *Beröa* in Erzhausen. Der Name stammt von der mazedonischen Stadt Beröa, in der der Apostel Paulus auf seinem Missionsmarathon besonders gut ankam. Die Juden in der Synagoge nahmen seine Lehre bereitwillig an und „forschten Tag für Tag in den Schriften nach, ob sich dies wirklich so verhielte“ (Apostelgeschichte 17, 11). Eine Bibelschule, die sich nach diesen Früh-Fundamentalisten benannte, mußte der reinen Lehre doch ziemlich nahe kommen. Und genau so was suchte ich damals. In den Unterlagen von Haus Beröa wimmelte es nur so von „Ordnungen“. Es gab eine Hausordnung (sehr streng), eine Studienordnung (sehr anstrengend) und eine Schulordung (ziemlich unverständlich). Das wirkte auf einen alten Junkie dann doch etwas beklemmend. Außerdem mußte man schon länger Christ sein, um überhaupt aufgenommen zu werden. Weitere Bedingungen waren eine mindestens zweijährige praktische Mitarbeit in einer Ortsgemeinde, abgeschlossene Berufsausbildung, Referenzen von Arbeitgebern und Pastoren. Ich hatte nichts von alledem. Aber trotzdem hatte Karin gebetet: „Herr, wenn du willst . . .“

14 Tage später, ich sitze allein in der großen Diele unseres Bauernhauses, kommt ein fremder Mann zur Tür herein. Er kommt direkt auf mich zu und sagt: „Ich bin der Frank-Rainer. Bist du der Uli?“ Auf mein überraschtes Nicken fragt er weiter: „Willst du zur Bibelschule?“ – „Na ja, ich weiß nicht so genau . . .“ – „Wenn du willst, fahre ich nächste Woche mit dir hin, ich hab selbst dort studiert.“

Ich war wie vor den Kopf geschlagen. Konnte Gott so konkret antworten? Ich sagte trotzdem sofort zu. Erst 13 Jahre später habe ich erfahren, daß Frank-Rainer damals aus ganz anderen Gründen die WG in Eininghausen besucht hatte. Er war als junger Pastor in unserer Nähe tätig und wollte unsere Drogenarbeit kennenlernen. Draußen auf dem Vorplatz traf er Armin, und der hatte ihm schon von mir erzählt: Drinnen säße einer, der eine Bibelschulausbildung machen wolle.

Für mich jedoch war und bleibt diese Begebenheit ein Wunder. Ich glaube nicht, daß es der Zufall war, der Frank-

Rainer gerade an diesem Tag nach Eininghausen geführt hatte.

Als ich im Frühjahr 1976 beim Leiter der Bibelschule Beröa vorsprach, waren meine Aussichten nicht gerade rosig. Man hatte schlechte Erfahrungen mit Drogenabhängigen gemacht. Anstatt fleißig zu studieren, hatten einige Teppiche an die Wände genagelt und Räucherstäbchen angezündet. Er wollte sich die Sache aber noch einmal durch den Kopf gehen lassen und mir dann schreiben. Nach einigen Wochen bangen Wartens kam sein Brief endlich an. Mit etwas zittrigen Händen, von den anderen umringt, riß ich ihn auf und las: „Mein lieber Bruder Uli! Wir können dich als Studenten akzeptieren, wenn du bereit bist, ein Vorpraktikum zu machen. Melde dich bitte Anfang Juni bei Pastor Schulz in Leer in Ostfriesland."

Ostfriesland? Das lag doch irgendwie am Ende der Welt. Ich kannte es eigentlich nur aus den Witzen, die damals gerade out wurden. Aber egal. Es hatte geklappt! Mein treuer Freund Martin fuhr mich hin. Er ist mir, wie gesagt, praktisch auf jeder Etappe meines Lebens gefolgt – immer einen Schritt hinterher. Er war damals noch nicht ganz frei von Drogen, wir waren aber nach wie vor verbunden. Pastor Schulz in Leer empfing uns mit der in einer Freien Christengemeinde typischen herzlichen Umarmung. Ich meinte, er würde mir sämtliche Knochen brechen. Sein erster Satz: „Preis dem Herrn, daß du da bist! Kannst du predigen?" Ich hatte bis dahin erst eine Andacht gehalten, und die war gründlich daneben gegangen. – „Hast du sonst irgendwelche besonderen Fähigkeiten?" Ich konnte nichts vorweisen. Trotzdem nahm mich die Gemeinde bereitwillig auf.

Das Praktikum bestand in der Mitarbeit in einem Alten- und Pflegeheim und in Gemeindeeinsätzen. Auf der einen Seite hieß das Betreuung von Pflegebedürftigen, auf der anderen Gemeindedienst: tagelang Traktate stempeln, um sie dann in der Stadt zu verteilen. Von Haus zu Haus zu gehen und die Leute zum Gottesdienst einzuladen, war mir äußerst unangenehm. Ich fühlte mich zwar berufen, als Missionar nach Afrika zu gehen, so hatte ich es zumindest in der Bewerbung für die Bibelschule angekreuzt, doch diese Haustür-Mission fiel mir äußerst schwer. Ostfriesland war mir in puncto Theorie und Praxis eine gute Lehre.

Als Pastor Schulz noch merkte, daß ich zwei Griffe auf der Gitarre beherrschte, mußte ich fortan den Gemeindegesang begleiten. So lernte ich richtig Gitarre spielen, und die zwei Akkorde, die ich mir in meiner Stones-Ära irgendwo abgeguckt hatte, kamen zu späten Ehren.

Ich war froh, endlich in einer *richtigen* Gemeinde zu leben. Hier funktionierte sicher vieles besser als in der Wohngemeinschaft. Doch ich kam schnell auf den Teppich, als ich merkte, daß die Gemeinde auch nur aus fehlerhaften Menschen bestand – wie ich. Aber es war eine gute Zeit, in der ich auch einen geistlichen Aufbruch in der Gemeindejugend miterleben durfte. Die Gemeinde fragte schließlich bei der Bibelschule nach, ob ich noch etwas länger bleiben könne.

Die stärkste Prägung in dieser Zeit erfuhr ich durch eine gläubige Familie, zu der ich engen Kontakt hatte. Es war ein Ehepaar mit 16 eigenen Kindern. Aber wann immer man kam, es war immer Zeit für ein „Köpke Tee". Danach gingen wir auf die Knie und beteten. Sie hatten ein großes und natürliches Gottvertrauen. Im Gebet bei ihnen zu Hause sagte mir der Familienvater einmal: „Jesus möchte dir zusprechen: Ich habe dich wie einen Brandscheit aus dem Feuer gerissen. Wenn du mir treu bleibst, kann dich niemand aus meiner Hand reißen." Und seine Frau hatte eine prophetische Vision: „Ich sehe dich auf einem steilen Weg. Er ist übersät mit Felsbrocken. Du schaust auf die Felsbrokken, du strauchelst und fällst. Dann sehe ich, wie du deinen Blick wieder nach oben richtest. So kommst du unversehrt ans Ziel."

Das war für mich ganz konkret. „Gestrauchelt" war ich oft genug, und „aus dem Feuer gerissen" fühlte ich mich wahrlich. Diese beiden geistgewirkten Aussagen der lieben Glaubenseltern haben mich bis heute begleitet und getröstet.

14.

Lektionen des Lebens

Im Herbst 1976 war ich dann endlich Student an der Bibelschule Beröa. Die drei Jahre in Erzhausen sollten eine gute Zeit werden, geprägt von intensivem Lernen und Arbeiten sowie Einsätzen in Gemeinden im ganzen Land. Sie boten zugleich einen wertvollen Schutzraum, in dem alte Wunden heilen und der junge Glaube wachsen konnte. Die geistlichen Früchte dieser Zeit habe ich irgendwann einmal in einigen „Lektionen" niedergeschrieben. Zu diesen Lektionen gehörte zum Beispiel das Danken: *Seid dankbar in allen Dingen!* Ich trainierte es mir regelrecht an, Gott für ganz einfache Dinge zu danken: für das Essen, Gesundheit, Kleidung. Ich war immer sehr stimmungsabhängig gewesen, oft genug hatte ich morgens im Bett gelegen und nur gedacht: „Oh, was für ein Scheiß-Tag . . ." Jetzt setzte ich ganz bewußt dagegen: „Das ist der Tag, den der Herr gemacht hat. Danke dafür." Und der Tag fing ganz anders an. Danken ist ein ausgezeichnetes Mittel gegen Depressionen. Ich kann es nur empfehlen.

Eine andere Lektion war: *Segnet und fluchet nicht!* Ich versuchte mir anzugewöhnen, eher gut als schlecht über andere zu reden – und zu denken. Ich hatte in meinem Leben viele Menschen, eigentlich die meisten um mich herum, gehaßt. Sie sagten mir, was ich zu tun hatte, oder ich beneidete sie, weil sie einfach besser dran waren als ich. Aber jetzt hatte ich erkannt, daß ich an vorderster Stelle selbst schuld war an meiner Misere. Die Vergebung, die ich erfahren hatte, ermöglichte es mir, nicht nur mich selbst mit allen meinen Macken anzunehmen, sondern auch die Leute um mich herum besser zu verstehen. Ich gewöhnte mir an, auch für die letzten Typen zu beten: „Herr, segne ihn!“ Dadurch wurde mir ein völlig neuer Blick für die anderen geschenkt.

Einen fröhlichen Geber hat Gott lieb war eine weitere Lektion. Sie war schon ziemlich früh dran. Schon in der Wohngemeinschaft hatte es geheißen: Auch unser Geld gehört dem Herrn. Und: Wer freimütig und ohne Hintergedanken gibt, dessen Gabe ist auch gesegnet. Wir hatten zwar meist wenig Geld oder gar keins, aber wir lernten, den Zehnten abzugeben. Und tatsächlich: Es hat für mich manche magere Jahre gegeben, aber ich bin damit immer gut durchgekommen.

Einmal verabschiedet mich eine Landgemeinde, in der ich ein Praktikum absolviert habe, in einem Gottesdienst. Ich habe gerade noch fünf Mark in der Tasche. Damit will ich eigentlich noch Sprit für meinen R 4 kaufen. Der Tank ist fast leer, und ich habe noch 200 Kilometer vor mir. Aber als der Klingelbeutel vorbeikommt, habe ich auf einmal das Empfinden: *Tu deine letzten fünf Mark da rein.* Ich ringe kurz mit mir und werfe sie schließlich hinein. Nach dem Gottesdienst kommt plötzlich eine alte Frau auf mich zu: „Lieber Bruder Uli, während des Gottesdienstes hat mir der Heiland das aufs Herz gelegt“ ... und drückt mir 20 Mark in die Hand! Schon stehen die anderen Schlange zum Scheck-Hands. Mit 160 Mark in der Tasche steige ich schließlich in mein Auto. Genug Geld für einige Tankfüllungen. Ich würde ein solches Erlebnis natürlich nie zum Patentrezept erklären, Motto: „Bei Gott anlegen und von den Zinsen leben.“ Aber es ist schon ein Hinweis darauf, daß es sich lohnt, auf seine Fürsorge zu vertrauen. Es waren letztlich alles Lektionen, die das Leben schrieb. Es kamen noch viele andere hinzu, so auch das *Richtet nicht, damit ihr nicht gerichtet werdet.* Ein ganz wichtiges Kapitel für mich, denn es gibt ja fast nichts Intoleranteres als einen Frischbekehrten. Ich mußte erst ein paar Volltreffer vor den Bug bekommen, bis ich mir das Schubladen-Denken abgewöhnte.

Mein Mitstudent Harry zum Beispiel *konnte* in meinen Augen gar nicht bekehrt sein: Er redete noch wie die Leute von der Drogenszene, so richtig „unheilig". Er lief auch noch in Jeans rum – die hatte ich schon längst abgelegt. Was hatte *der* überhaupt auf der Bibelschule zu suchen?

Aber Harry war gut drauf. Er merkte, was mit mir los war, kam zu mir und erzählte einfach von sich: Er war wohlbehütet in einem gläubigen Elternhaus aufgewachsen. Später war er – neben seinem Job – ganz bewußt zu den Rokkern gegangen. Jahrelang hatte er sich um eine Clique gekümmert, und versucht, einigen beim Ausstieg zu helfen. Da hatte er sich gewisse Umgangsformen angewöhnt. Diesen Hintergrund hatte ich überhaupt nicht vermutet. Nicht er, *ich* lag daneben. Ich war in eine fürchterlich gesetzliche Haltung hineingerutscht. Sie hatte keinen Raum mehr gelassen für Gottes Phantasie und die Vielfalt seiner Möglichkeiten, Menschen zu gebrauchen.

Die Niederlagen waren für das Wachstum im Glauben genauso wichtig wie die Erfolge. Es gab noch viele Anfechtungen, viel Zerbruch. Das neue Leben hatte angefangen, aber der alte Uli kam immer mal wieder hoch: der rebellische, labile, depressive alte Uli. Manchmal sagte ich zu Jesus: „Ich würde lieber nach Sibirien gehen, um Steine zu kloppen, als dein Prediger sein!" Aber im Gebet, im Lesen von Gottes Wort und durch die Gemeinschaft mit anderen Christen ging es immer ein Stückchen weiter. Heute bin ich froh, daß Gott *dieses* Gebet nicht erhört hat.

15.

Auspacken und aufräumen

Einmal noch holte mich meine Vergangenheit ein. Es war, als ob jemand seinen Finger auf verschiedene noch ungeordnete Punkte meines Lebens legte. Durch Jesu Opfer am Kreuz von Golgatha sind alle unsere Sünden vergeben – wenn wir diese Vergebung in Anspruch nehmen. Wir können auch nichts wiedergutmachen, was wir an Schlechtem getan haben. Außerdem wäre in meinem Fall ein Menschenleben viel zu kurz, um alles ins reine zu bringen. Aber Gott erwartet in manchen Dingen Vertrauens- und Gehorsamsschritte, damit unser Glaube wachsen kann.

Als erstes sah ich mich gedrängt, das Verhältnis zu meinen Eltern in Ordnung zu bringen. Sie hatten natürlich meine Wandlung aus der Ferne mitbekommen. Einige Male hatten sie uns in Eininghausen besucht und bei der Gelegenheit eine Kofferraumladung Lebensmittel für die Wohngemeinschaft mitgebracht. Jetzt fuhr ich extra noch einmal nach Hause, um mich bei ihnen für alles zu entschuldigen, was ich ihnen angetan hatte. Sie konnten mir vergeben. Sie sahen nun, daß meine Heilung echt und von Dauer war. Für sie, die alle Höhen und Tiefen meiner Drogenkarriere mitbekommen hatten, war das ein Wunder. Auch sie selbst haben dadurch einen Durchbruch in ihrem Glauben erfahren. Mein Vater wollte sogar die Probe aufs Exempel machen. Er war seit 25 Jahren Kettenraucher – zum Leidwesen meiner Mutter, die den Rauch nicht ausstehen konnte, ihm aber aufgrund seiner Behinderung die Zigaretten noch selbst anstecken mußte. Jetzt sagte er: „Uli hat ein Wunder erlebt;

jetzt will ich sehen, ob ich auch eins erlebe!“ Von dem Tag an hat mein Vater keine Zigarette mehr angefaßt – und das ganz ohne Entzugserscheinungen. Das schönste aber war: Alles, was zwischen uns stand, war ausgeräumt, und unsere Familie wurde wieder heil.

Auch bei einem Apotheker in Iserlohn, dem ich einmal ein gefälschtes Rezept angedreht hatte, habe ich mich entschuldigt. Ihm standen die Tränen in den Augen, als er mich zur Tür geleitete und mich mit den besten Wünschen für mein neues Leben entließ. Dann war da noch die Sache mit den gestohlenen Medikamenten im Krankenhaus. Auch hier hatte ich Pudding in den Knien. Ich ging zu demselben Arzt, der mich damals auf das vermißte Valoron angesprochen hatte. Ich gestand den Diebstahl und bat ihn um Vergebung. Er gewährte sie mir gerne.

Schließlich gab es noch die zwei ausstehenden Gerichtsverfahren. Das kleinere Übel war die Anklage wegen Fahrens ohne Führerschein. Richtiger hätte die Anklage heißen müssen: Spritztouren durchs halbe Sauerland ohne Führerschein, aber mit Drogen. Meine Eltern waren für ein paar Tage verreist gewesen. Die Sache wäre nie aufgeflogen, hätten damals nicht irgendwelche netten Nachbarn bei der Polizei angerufen: „Der rauschgiftsüchtige Ulrich Schulte fährt mit dem Auto seiner Eltern herum . . .“ Bei dieser Verhandlung kam ich glücklicherweise ungeschoren davon.

Die zweite Sache war schon happiger. Es ging um die acht Gramm Heroin aus Holland. Richter H., bei den Fixern in Iserlohn wegen seiner Strenge gefürchtet und gehaßt, hatte die Verhandlung voll im Griff. Ich mußte etwa vier Stunden lang sämtliche Einzelheiten meiner Drogenkarriere erzählen. Ich verschwieg nichts. Ich wußte: Gott kann nur mit mir sein, wenn ich aufrichtig und ehrlich bin. Also packte ich aus, bis zu dem Punkt meiner Bekehrung zu Jesus Christus. Freimütig erzählte ich, wie Jesus mein Leben verändert hatte.

Plötzlich schlägt Richter H. mit der Faust auf den Tisch: „Ich habe hier ja schon viele Stories gehört. Aber so hoch wie Sie hat noch keiner gepokert. Ich bin schließlich gläubiger Katholik – mir können Sie doch nicht solche Märchen auftischen!" Dann wendet er sich zu dem Oberlandesmedizinalrat, der mich zwei Jahre zuvor auf Zurechnungsfähigkeit untersucht hatte (damals mit niederschmetterndem Ergebnis). „Was sagen Sie denn als Mediziner dazu?" Darauf der Arzt: „Dieser Mann ist ein anderer als der, den ich vor zwei Jahren untersucht habe!" – „Und, wie erklären Sie sich das?" – „Dafür gibt es keine menschliche Erklärung. Das weiß Gott allein." Gemurmel und Getuschel im Gerichtssaal, keiner blickt mehr richtig durch. Nach kurzer Beratung die Urteilsverkündung ... Ich komme mit einer mündlichen Verwarnung davon. Kaum zu glauben! Mein Anwalt hatte mir mindestens eine Bewährungsstrafe, möglicherweise aber auch zwei Jahre Haft in Aussicht gestellt. Das Schlußwort des Richters: „Sollte ich Sie hier je noch einmal sehen, geht's für lange Zeit in den Bau."

Ich bin noch einige Male dort gewesen, dann allerdings als Beistand für andere Drogenabhängige.

16.

Irene

Noch war ich auf der Bibelschule. Ich genoß und brauchte die christliche Nestwärme. Doch der Zeitpunkt nahte, wo ich flügge werden mußte. Das Praktikum nach dem zweiten Studienjahr absolvierte ich in der Freien Christengemeinde Bremen, der ich auch heute wieder angehöre. Pastor Gerhard Klemm verstand es damals schon gut, die Fähigkeiten seiner Schüler freizusetzen. Ich mußte auf die Kanzel, ob ich wollte oder nicht. „Klemmi“, wie wir ihn liebevoll nannten, bestand darauf: „Uli, wenn du Pastor werden willst, mußt du predigen. Du predigst, und wenn du nicht mehr weiter weißt, übernehme ich die Fortsetzung.“ *Also predigte ich.* Sicherlich war es zu Anfang nicht mehr als ein hilfloses Gestammel wie bei der ersten Liebeserklärung. Aber mit der Zeit lernte ich, mich nicht so sehr auf mich selbst oder auf andere Menschen zu verlassen, sondern in erster Linie auf Christus. Ich begriff auch: Wer nur *über* Gott spricht, ohne zuvor *mit* Gott gesprochen zu haben, der redet mit ziemlicher Sicherheit ins Leere.

Trotz aller Fortschritte wurde ich immer unruhiger, als nach dem dritten Jahr das Ende der Bibelschulzeit näherrückte. Kurz vor dem Vikariat kam der Präses unseres Gemeindebundes zu mir: „Du gehst ins Ruhrgebiet. Dort sind zwei kleine verwaiste Gemeinden, da sollst du arbeiten.“ Die beiden Gemeinden in Oberhausen und Dorsten hatten seit zwei Jahren keinen festen Prediger. Sie wurden von auswärts notdürftig versorgt. Die Aussicht, dort alleine Brachland zu bearbeiten, stimmte mich nicht gerade fröhlich. Viel lieber hätte ich woanders an der Seite eines erfahrenen Pastors gelernt. Uns wurde zwar damals vermittelt, daß es für Jesus keinen Unterschied macht: Er liebt seine Gemeinde, egal wie schwach und klein sie ist. Aber mir standen sieben Verkündigungsdienste pro Woche bevor – und ich kriegte den Mund kaum auf. Auch meine Mitschüler machten mir keine großen Hoffnungen: „Dort gehst du garantiert baden . . .!"

Eines Abends betete ich in meiner Ratlosigkeit etwa folgende Worte: „Herr, bewahre mich vor einem falschen Weg, der mich kaputtmacht. Gib mir aber auch Mut, den Weg zu gehen, den du für mich vorbereitet hast." Wenig später kam eine Mitstudentin in mein Zimmer und gab mir einen Bibelvers. Sie hatte ihn auf der Schreibmaschine getippt: „Der Herr ist treu. Er wird euch stärken und bewahren vor dem Bösen!" Von diesem Wort fühlte ich mich so angesprochen, daß die Sache auf einmal ganz klar war: Mein Weg ging in die kleinen Gemeinden im Revier – mochten die anderen sagen, was sie wollten. Ich hatte Frieden für diesen Weg.

Jetzt ging ich mit mehr Mut an die neue Aufgabe. Inzwischen waren auch einige Leute aus meinem Umfeld Christen geworden. Mein Freund Martin – wie immer einen Schritt hinter mir – hatte mich gebeten, ihn zu Jesus zu führen. Für ihn gab es übrigens auch einen besonderen Punkt, den er noch bereinigen wollte: die Sache mit der verkokelten Decke in der Autobahn-Raststätte. Er schrieb einen Entschuldigungsbrief und erkundigte sich, was er für den Schaden bezahlen solle. Der Raststätten-Betreiber schrieb erfreut zurück und meinte, Martin solle die 40 Mark dem Roten Kreuz überweisen. Auch meine Cousine Annette fand zum Glauben. Sie heiratete Martin – womit dieser mir erstmals einen Schritt voraus war. Die beiden haben heute vier Kinder. Einem alten Bekannten von der Szene durfte ich ebenfalls Wegweiser sein. Er arbeitet heute in einem Missionswerk.

Auch in den kleinen Gemeinden in Oberhausen und Dorsten, die ich betreute, konnte ich trotz mancher Kämpfe und Probleme das Wirken Gottes erleben. In der einen kam es zu einem geistlichen Aufbruch unter der Jugend, der schließlich in einer offenen Teestubenarbeit mündete. In der anderen konnten wir einen alten Bahnhof erwerben. Unter aufopferungsvoller Mitarbeit der Gemeindemitglieder wurde er zu einem Gemeindezentrum umgebaut. Heute werden dort über den Tellerrand der Gemeinde hinaus Kinderbetreuung, offene Jugendarbeit und Hilfe für Ausländer angeboten.

Für mich persönlich hat sich der Einsatz im Ruhrgebiet noch aus einem ganz anderen Grund „gelohnt". Ich traf dort auf Irene, meine heutige Frau. Sie war knapp achtzehn und Mitglied einer Jugendgruppe, die ich leitete. Als junger Prediger, ständig auf dem Präsentierteller der Gemeinde, war es nicht ganz unproblematisch, Bande zum anderen Geschlecht zu knüpfen. Aber es fanden sich dann doch Wege. Ich ernannte sie einfach zur Kassiererin und sorgte dafür, daß wir die Kasse regelmäßig nach der Jugendstunde nachzählen mußten. So eine Kassenprüfung dauerte schon mal drei Stunden. Endlich konnte ich mich mit ihr ungestört unterhalten. Oder ich fuhr die Jugendlichen mit dem Bulli nach Hause. Wie zufällig war Irene immer die letzte im Auto, obwohl sie nur zwei Straßen weiter wohnte . . .

Auf einer Freizeit ging ich dann zum Frontalangriff über. Ich nahm sie zur Seite: „Hör mal, ich hab dich gern, möchtest du mit mir gehen?" Sie schaute mich ganz verblüfft an: „Meinst du, daß das *von Gott* ist?" Ich war mir da nicht völlig sicher, hatte ich sie mir doch nach ganz nüchternen Kriterien ausgesucht. Sie zog mich einfach stark an und schien außerdem ein ganz vernünftiges Mädel zu sein. Aber natürlich hatte ich auch gebetet, daß meine Wahl richtig sei. Also antwortete ich: „Ich weiß nicht, ich hoffe doch." Darauf sagte sie nur: „Ja, dann will ich mit dir gehen." So einfach war das.

Vielleicht zeigt sich an diesem Punkt mehr als an allen anderen, daß ich tatsächlich ein neuer Mensch geworden bin. Während meiner Junkie-Zeit hatte ich es mit einer Frau nie länger als ein paar Wochen ausgehalten. Jetzt, nach den fünf Jahren, in denen ich die Frauenfrage freiwillig zurückgestellt hatte, war ich wieder fähig zu einer Partnerschaft. Gott hatte meine Persönlichkeit auch an dieser Stelle geheilt. Ich bin zwar bestimmt nicht der einfachste Mensch, mit dem man zusammenleben kann. Aber Irene hat es immerhin schon über zehn Jahre mit mir ausgehalten. Und sie unterstützt mich auch in meiner Arbeit, soweit ihr das als Mutter von Tabea, Samuel und Daniela möglich ist.

17.

Frei und abhängig zugleich

Nach sechs Jahren Ruhrgebiet bin ich, inzwischen ordiniert, dem Ruf in die Bremer Gemeinde gefolgt, der ich seit meinem Praktikum verbunden geblieben war. Die Gemeinde hat in den letzten Jahren ein Sozialwerk mit über 130 Mitarbeitern aufgebaut. Schwerpunkte sind die offene Kinder- und Jugendarbeit, Behindertenarbeit und Altenarbeit. So konnte man mich gleichzeitig als Seelsorger und Betreuer einstellen. Ein alter Wunsch ist in Erfüllung gegangen: Ich kann das helfende Wort und die helfende Tat verbinden. Zum einem wirke ich in der Gemeinde in Verkündigung und Seelsorge. Zum anderen leite ich mit einem Kreis von gläubigen Mitarbeitern eine Tagesstätte für psychisch kranke Menschen. Mit einem zweiten Team bin ich in die Arbeit mit Aussiedlern eingestiegen.

Ich stehe also auf zwei Beinen – und mit beiden mitten im Leben. Aber natürlich hat mein altes Leben Spuren gelassen. Ich falle auch heute manchmal noch in Depressionen. Dann möchte ich mir am liebsten morgens die Bettdecke über den Kopf ziehen und den ganzen Tag liegen bleiben. Und es gibt auch noch andere Pleiten. Der Unterschied zu früher: Ich habe festen Grund unter den Füßen. Egal, ob es Probleme in der Familie, auf der Arbeit oder mit der schwachen Gesundheit sind, ich habe einen starken Helfer: *Jesus Christus ist derselbe – gestern heute und in alle Ewigkeit!* Er hat mein verkorkstes Leben wieder zurechtgebracht, er wird mich auch in Zukunft halten.

Wenn ich meine Geschichte irgendwo erzähle, höre ich

oft den Vorwurf: „Du hast im Grunde doch nur dein Betäubungsmittel gewechselt. Erst war es Heroin, jetzt ist es Jesus." In gewisser Hinsicht stimmt das sogar: Ja, ich bin abhängig von Jesus! Aber jeder Mensch ist von irgend etwas abhängig. Nicht unbedingt von Heroin, aber vielleicht von seiner Arbeit, von anderen Menschen, vom Alkohol, von seinem Geschlechtstrieb oder was auch immer. Irgendwas hält jeden Menschen gefangen. Die Abhängigkeit von Jesus ist dagegen nach meiner Erfahrung die größte Freiheit, die ein Mensch erlangen kann. Denn *dieser* Herr will uns nicht mißbrauchen und ausnutzen. Im Gegenteil: Er will uns dienen und für uns da sein.

Natürlich gibt es auch andere Wege, von Drogen freizuwerden als meinen. Es gibt sie, wenn sie auch knallhart und fast unmenschlich sind. Nur wenige Fixer schaffen damit den Ausstieg auf Dauer. Es gibt andere Wege, um vom Heroin loszukommen. Aber es gibt nur einen Weg zum wahren Leben. Es gibt nur einen Weg zu Gott: Jesus Christus.

Wenn Sie Fragen bezüglich der Aussage des Buches oder über den christlichen Glauben haben, wenden Sie sich bitte schriftlich an die folgende Adresse:

oder an:

Pastor Uli Schulte
c/o Freie Christengemeinde Bremen-Nord
Schönebecker Straße 15
28759 Bremen

Gerne steht der Autor für Vorträge
z. B. in Gemeinden, Gefängnissen
oder Drogenberatungsstellen zur Verfügung.
Termine können unter dieser Anschrift
angefragt werden.

Bücher der Leuchter Edition

Authentisch – Stark – Lebendig

David Wilkerson

Das Kreuz und die Messerhelden

Taschenbuch · 144 Seiten · Bestell-Nr. 547.500 · ISBN 3-87482-500-0
€ 5,00 (bis 31.12.2001 DM 9,80) Preisänderung vorbehalten

Bandenkriege, Messerstechereien, Drogenkonsum – mitten in die Szene Brooklyns tritt ein Mann, erzählt leidenschaftlich und unkonventionell von der Liebe Gottes, riskiert dabei sein Leben und löst ein geistliches Erwachen unter den jugendlichen Banden aus. Sein Name ist David Wilkerson. – Schon früh erkannte David Wilkerson die Not unter den jugendlichen Rauschgiftsüchtigen und begann zunächst ohne fremde Hilfe ein Hilfswerk, das aus bescheidenen Anfängen zu einer umfangreichen Organisation wurde. – Der jugendliche Bandenführer von Brooklyn „Lord" Nicky Cruz, dessen dramatischer Ausstieg aus der Drogenszene und Hinwendung zu Gott in diesem Buch beschrieben wird, ist einer unter vielen ehemals Heroinabhängigen, die, angestoßen durch die Arbeit Wilkersons, später ihr Leben dafür einsetzten, auch anderen zu helfen, die Fänge des Rauschgifts und der Gewalt hinter sich zu lassen. – Lesen Sie, wie die Liebe und Entschlossenheit eines einzigen Mannes, auch unter Einsatz seines eigenen Lebens, einen Strom des Segens entstehen ließ, der bis heute nicht abgerissen ist.

Sandy Brown

Ist denn dort draußen niemand, der mir helfen kann?

Taschenbuch · 120 Seiten · Bestell-Nr. 547.511 · ISBN 3-87482-511-6
€ 5,00 (bis 31.12.2001 DM 9,80) Preisänderung vorbehalten

Es sah so aus, als habe sie von Geburt an keine Chance. Der Vater Alkoholiker, die Familie zerrüttet. Las Vegas, die Stadt von Drogen, Gewalt und Prostitution – das ist das Umfeld, in dem sie aufwächst. Ihre Brüder längst hoffnungslos den Drogen verfallen. – Sie arbeitet als Serviererin, sucht Halt in haltlosen Beziehungen und täglichem Drogenkonsum. Einsam, missbraucht und enttäuscht will sie schließlich ihrem Leben ein Ende setzen. Da stößt sie in einem letzten Aufbäumen von Lebenswillen diesen Schrei aus: „Ist denn dort draußen niemand, der mir helfen kann?" und findet Hilfe, als sie nicht mehr zu hoffen wagte. – Sie begegnet der faszinierendsten und glaubwürdigsten aller Persönlichkeiten – Jesus Christus – und wagt es, mit seiner Hilfe noch einmal neu anzufangen. Der authentische Bericht eines Lebens, das durch Gottes Eingreifen grundlegend verändert wurde.